CB125601

Em busca de sentido

Confira outras obras como esta nos endereços:

EDITORASINODAL.COM.BR/VIKTOR-FRANKL

LIVRARIAVOZES.COM.BR/FRANKL

F831e Frankl, Viktor E.

Em busca de sentido: um psicólogo no campo de concentração / Viktor E. Frankl. Traduzido por Walter O. Schlupp e Carlos C. Aveline. 66. ed. – São Leopoldo : Sinodal ; Petrópolis : Vozes, 2025.

14x21 cm. ; 224p.
ISBN (Sinodal) 978-85-233-0886-5
ISBN (Vozes) 978-85-326-0626-6

1. Logoterapia. 2. Psicologia. 3. Psiquiatria. I. Schlupp, Walter O. II. Aveline, Carlos C. III. Título.
CDU 159.9:615.851

Catalogação na publicação
Leandro Augusto dos Santos Lima – CRB 10/1273

Viktor E. Frankl

Em busca de sentido

UM PSICÓLOGO NO CAMPO DE CONCENTRAÇÃO

66ª edição (revista)

Tradução de Walter O. Schlupp e Carlos C. Aveline

Revisão técnica de Helga H. Reinhold

Editora SINODAL

EDITORA VOZES

2025

A Parte I, "Em busca de sentido", foi traduzida por Walter O. Schlupp do original *...trotzdem Ja zum Leben sagen,* 5. ed. München: Kösel Verlag, 1981. p. 13-148.
© 1977 by Viktor E. Frankl.

A Parte II, "Conceitos fundamentais da logoterapia", foi traduzida por Walter O. Schlupp do original "Logoterapy in a Nutshell". In: *Man's Search for Meaning.* 3. ed. New York: Simon R. Schuster, 1984. p. 101-136.
© 1984 by Viktor E. Frankl.

A Parte III, "A tese do otimismo trágico", foi traduzida por Carlos C. Aveline do original "The Case for a Tragic Optimism". In: *Man's Search for Meaning.* 3. ed. New York: Simon R. Schuster, 1984. p. 137-154.
© 1984 by Viktor E. Frankl.

Os direitos da edição brasileira estão reservados à
Editora Sinodal, 1985
Rua Amadeo Rossi, 467
93030-220 São Leopoldo – RS
Tel.: (51) 3037 2366
editora@editorasinodal.com.br
www.editorasinodal.com.br

Coeditora:
Editora Vozes
Rua Frei Luís, 100
25689-900 Petrópolis – RJ
www.editoravozes.com.br

Todos os direitos reservados. Nenhuma parte desta obra poderá ser reproduzida ou transmitida por qualquer forma e/ou quaisquer meios (eletrônico ou mecânico, incluindo fotocópia e gravação) ou arquivada em qualquer sistema ou banco de dados sem permissão escrita da editora.

Sumário

Prefácio à edição norte-americana de 1984

O escritor e psiquiatra Viktor E. Frankl costuma perguntar a seus pacientes que estão sofrendo muitos tormentos, grandes e pequenos: "Por que não opta pelo suicídio?" É a partir das respostas a essa pergunta que ele encontra, frequentemente, as linhas centrais da psicoterapia a ser usada. Num caso, a pessoa agarra-se ao amor pelos filhos; em outro, há um talento para ser usado, e, num terceiro caso, velhas recordações que merecem ser preservadas. Tecer esses débeis filamentos de uma vida arruinada para construir com eles um padrão firme, com sentido e responsabilidade – esse é o objetivo e o desafio da *logoterapia*, versão da moderna *análise existencial* elaborada pelo próprio Dr. Frankl.

Neste livro, o Dr. Frankl descreve a experiência que o levou à descoberta da logoterapia. Prisioneiro durante longo tempo em campos de concentração, onde seres humanos eram tratados de modo pior do que se fossem animais, ele se viu reduzido à existência nua e crua. O pai, a mãe, o irmão e a esposa de Viktor Frankl morreram em campos de concentração ou em crematórios, e, exceto sua irmã, toda a sua família morreu nos campos de concentração. Como foi que ele – tendo perdido tudo o que era seu, com todos os seus valores destruídos, sofrendo fome, frio e brutalidade, esperando a cada momento a sua exterminação final – conseguiu encarar a vida como algo que valia a pena preservar?

Um psiquiatra que passou pessoalmente por tamanha experiência certamente tem algo a dizer. Ele – mais que ninguém – pode ser capaz de ver a nossa condição humana com sabedoria e compaixão. As palavras do Dr. Frankl têm um acento profundamente honesto, porque estão baseadas em experiências tão profundas que impedem qualquer distorção. O que ele tem a dizer ganha em prestígio devido à sua atual posição na Faculdade de Medicina da Universidade de Viena e por causa do renome das clínicas logoterapêuticas que hoje estão funcionando em muitos países, segundo o padrão da famosa Policlínica Neurológica de Viktor E. Frankl, em Viena.

É impossível evitar a comparação entre os enfoques terapêutico e teórico de Frankl e o trabalho do seu predecessor, Sigmund Freud. Os dois médicos se preocuparam basicamente com a natureza e a cura das neuroses. Freud encontra a raiz dessas desordens angustiantes na ansiedade causada por motivos inconscientes e conflitantes. Frankl distingue várias formas de neurose e atribui algumas delas (as neuroses noogênicas) à incapacidade de encontrar um sentido e um senso de responsabilidade em sua existência. Freud acentua as frustrações da vida sexual; Frankl, a frustração da vontade de sentido. Na Europa, hoje, há uma forte tendência a um distanciamento de Freud e a uma aproximação da análise existencial, que assume várias formas – entre elas a escola de logoterapia. Frankl não repudia a postura de Freud – e isso é típico da sua atitude tolerante – mas constrói seu trabalho de bom grado sobre as contribuições freudianas. Tampouco ataca as outras formas de terapia existencial, mas aceita com satisfação o parentesco da logoterapia com elas.

Esta narrativa, embora breve, é muito bem construída e atraente. Por duas vezes eu a li sem levantar uma só vez da poltrona, incapaz de me afastar do fascínio de suas palavras. Em algum momento, depois da metade da história, o Dr. Frankl introduz sua própria filosofia logoterapêutica. Mas o faz de modo tão suave ao longo da narrativa que só depois de terminar a leitura é que o leitor percebe tratar-se de um profundo ensaio, e não apenas de mais uma história sobre as brutalidades dos campos de concentração.

O leitor pode aprender muito com este fragmento autobiográfico. Ele percebe o que um ser humano faz quando subitamente compreende que não tem "nada a perder senão sua existência tão ridiculamente nua". Frankl faz uma cativante descrição do misto de emoção e apatia. Primeiro surge uma fria e distante curiosidade de saber o próprio destino. Depois surgem estratégias de preservação do que resta de vida, apesar das chances de sobreviver serem pequenas. Fome, humilhação, medo e profunda raiva das injustiças são dominadas graças às imagens sempre presentes de pessoas amadas, graças ao sentimento religioso, a um amargo senso de humor e até mesmo graças às visões curativas de belezas naturais – uma árvore ou um por do sol.

Esses momentos de conforto, contudo, não estabelecem o desejo de viver – a menos que ajudem o prisioneiro a ver um sentido maior no seu sofrimento aparentemente destituído de significado. É aqui que encontramos o tema central do existencialismo. A vida é sofrimento, e sobreviver é encontrar sentido na dor. Se há, de algum modo, um propósito na vida, deve havê-lo também na dor e na morte. Mas pessoa alguma pode dizer à outra o que é esse propósito. Cada um deve descobri-lo por si mesmo e aceitar a responsabilidade que sua resposta implica. Se tiver êxito, continuará a crescer apesar de todas as indignidades. Frankl gosta de citar esta frase de Nietzsche: "Quem tem *por que* viver pode suportar quase qualquer *como*".

No campo de concentração, todas as circunstâncias conspiram para fazer o prisioneiro perder seu controle. Todos os objetivos comuns da vida estão desfeitos. A única coisa que sobrou é "a última liberdade humana" – a capacidade de "escolher a atitude pessoal que se assume diante de determinado conjunto de circunstâncias". Essa liberdade última, reconhecida pelos antigos estoicos e pelos modernos existencialistas, assume um vívido significado na história de Frankl. Os prisioneiros eram apenas cidadãos comuns; mas alguns, pelo menos, comprovaram a capacidade humana de erguer-se acima do seu destino externo ao optar por ser "dignos do seu sofrimento".

Naturalmente, o autor, como psicoterapeuta, deseja saber como se pode ajudar as pessoas a alcançar essa capacidade exclusiva dos humanos. Como se pode despertar num paciente o sentimento de que é responsável por algo perante a vida, por mais duras que sejam as circunstâncias? Frankl nos dá um emocionante relato de uma sessão terapêutica que teve com seus companheiros de prisão.

Respondendo a um pedido do editor, o Dr. Frankl acrescentou à sua autobiografia uma exposição breve mas clara dos pontos básicos da logoterapia. Até agora a maior parte das publicações desta "Terceira Escola Vienense de Psicoterapia" (as anteriores são as de Freud e Adler) tem aparecido em alemão. Assim, o leitor gostará de ter um texto adicional de Frankl complementando sua narrativa pessoal.

Ao contrário de muitos existencialistas europeus, Frankl não é nem pessimista nem antirreligioso. Ao contrário, para um escritor que enfrenta com coragem a ubiquidade do sofrimento e das forças do mal, ele assume uma visão surpreendentemente positiva da capacidade humana de transcender sua situação difícil e descobrir uma adequada verdade orientadora.

Recomendo sinceramente este pequeno livro, porque é uma obra-prima de narrativa dramática focalizada nos mais profundos problemas humanos. Tem méritos literários e filosóficos e fornece uma estimulante introdução a um dos mais significativos movimentos psicológicos de nossos dias.

Gordon W. Allport

Gordon W. Allport, ex-professor de Psicologia na Universidade de Harvard, é um dos maiores escritores e professores nesta área no hemisfério Norte. Publicou numerosos livros sobre Psicologia e foi o editor do *Journal of Abnormal and Social Psychology.* Foi principalmente através do trabalho pioneiro do Prof. Allport que a importante teoria de Frankl foi introduzida nos Estados Unidos. Além disso, é em grande parte graças a ele que o interesse em torno da logoterapia tem crescido exponencialmente neste país.

Prefácio do autor à edição de 1984

Este livro já viveu o suficiente para entrar na septuagésima-terceira impressão em inglês – além de ter sido publicado em outras dezenove línguas. Apenas as edições em inglês venderam quase dois milhões e meio de exemplares.

Esses são os fatos, e é possível que eles sejam o motivo pelo qual os repórteres de jornais norte-americanos e especialmente das emissoras de televisão começam suas entrevistas, depois de listarem esses fatos, com a exclamação: "Dr. Frankl, seu livro se transformou num autêntico *best-seller* – como você se sente com tamanho sucesso?" Ao que costumo responder que, em primeiro lugar, vejo no *status* de *best-seller* do meu livro não tanto uma conquista e realização da minha parte como uma expressão da miséria dos nossos tempos: se centenas de milhares de pessoas procuram um livro cujo título promete abordar o problema do sentido da vida, deve ser uma questão que as está incomodando muito.

Certamente, algo mais pode ter contribuído para o impacto do livro: sua segunda parte, teórica, "Conceitos fundamentais de logoterapia", focaliza a lição que o leitor pode ter tirado da primeira parte, o relato autobiográfico ("Um psicólogo no campo de concentração"), enquanto que esta serve como validação existencial das minhas teorias. Assim, as duas partes dão credibilidade uma à outra.

Não tinha nada disso em mente quando escrevi o livro em 1945. E o fiz no espaço de tempo de nove dias, com a firme determinação de ter o livro publicado anonimamente. Com efeito, a primeira impressão da versão original alemã não mostra o meu nome na capa, apesar de, na última hora, eu haver finalmente cedido a meus amigos que estavam insistindo comigo para que deixasse o livro ser publicado com o meu nome pelo menos na página de rosto, onde vai o título. Inicialmente, no entanto, havia sido escrito com a absoluta convicção de que, como obra anônima, nunca daria fama literária a seu autor. Havia querido simplesmente transmitir ao leitor, por meio de um exemplo concreto, que a vida tem um sentido potencial sob quaisquer circunstâncias, mesmo as mais miseráveis. E considerava que, se a tese fosse demonstrada numa situação tão extrema como a de um campo de concentração, meu livro encontraria um público. Consequentemente, senti-me responsável pela tarefa de colocar no papel o que eu havia vivido. Pensava que poderia ser útil a pessoas que têm inclinação para o desespero.

Parece-me algo ao mesmo tempo estranho e notável o fato de que – entre as dúzias de livros que escrevi – precisamente este, que pretendia publicar anonimamente, de modo que nunca desse reputação a seu autor, se transformasse num sucesso. Em consequência, não canso de alertar meus alunos, tanto na Europa como nos Estados Unidos: "Não procurem o sucesso. Quanto mais o procurarem e o transformarem num alvo, mais vocês vão errar. Porque o sucesso, como a felicidade, não pode ser perseguido; ele deve acontecer, e só tem lugar como efeito colateral de uma dedicação pessoal a uma causa maior do que a pessoa, ou como subproduto da rendição pessoal a outro ser. A felicidade deve acontecer naturalmente, e o mesmo ocorre com o sucesso; vocês precisam deixá-lo acontecer não se preocupando com ele.

Quero que vocês escutem o que sua consciência diz que devem fazer e coloquem-no em prática da melhor maneira possível. E então vocês verão que a longo prazo – estou dizendo: a longo prazo! – o sucesso vai persegui-los, precisamente porque vocês esqueceram de pensar nele".

Se o texto do livro a seguir transmite, prezado leitor, uma lição que pode ser tirada de Auschwitz, o texto do parágrafo acima pode dar uma lição tirada de um *best-seller* involuntário.

Quanto a esta nova edição, foi acrescentado um capítulo para atualizar as conclusões teóricas do livro. Tirado de uma palestra que pronunciei como presidente honorário do Terceiro Congresso Mundial de Logoterapia, no Auditorium Maximum da Universidade de Regensburg, República Federal da Alemanha (em junho de 1983), ele forma agora o pós-escrito de 1984 a este livro e é intitulado "A tese do otimismo trágico". O capítulo refere-se a preocupações dos dias de hoje e como é possível "dizer sim à vida" apesar de todos os aspectos trágicos da existência humana. Espera-se que um certo "otimismo" com relação ao nosso futuro possa fluir das lições retiradas do nosso "trágico" passado.

V. E. F.

Viena, 1983

I

Em busca de sentido

Um psicólogo no campo de concentração

Este livro não trata de fatos e acontecimentos externos, mas de experiências pessoais que milhares de prisioneiros viveram de muitas formas. É a história de um campo de concentração visto de dentro, contada por um de seus sobreviventes. Não vamos descrever os grandes horrores (já bastante denunciados, embora nem sempre se acredite neles), mas sim as inúmeras pequenas torturas. Em outras palavras, tentarei responder à seguinte pergunta: "De que modo se refletia na mente do prisioneiro médio a vida cotidiana do campo de concentração?"

Diga-se de antemão que as experiências aqui relatadas não se relacionam tanto com acontecimentos nos campos de concentração grandes e famosos, mas com os que ocorreram em suas famigeradas filiais menores. É fato notório que justamente esses campos mais reduzidos eram autênticos locais de extermínio. Em pauta estarão aqui não a paixão e morte dos grandes heróis e mártires, mas das "pequenas" vítimas, a "pequena" morte da grande massa. Não vamos nos ocupar com aquilo que o *capo*[1], nem este ou aquele prisioneiro renomado sofreu ou tem para contar, mas vamos tratar da paixão do prisioneiro comum e desconhecido. Este último não usava o distintivo em forma de braçadeira e era desprezado pelos *capos.* Enquanto ele passava fome até morrer de inanição, os *capos* não passavam mal. Houve até alguns que nunca se alimentaram tão bem em sua vida. Do

---

[1] Prisioneiros que dispunham de privilégios (N. do E.).

ponto de vista psicológico e caracterológico, esse tipo de pessoas deve ser encarado antes como os SS ou os guardas do campo de concentração. Os *capos* tinham se assemelhado a esses, psicológica e sociologicamente, e com eles colaboravam. Muitas vezes, eram mais rigorosos que a guarda do campo de concentração e eram os piores algozes do prisioneiro comum, chegando, por exemplo, a bater com mais violência que a própria SS. Afinal, de antemão somente eram escolhidos para *capos* aqueles prisioneiros que se prestavam a esse tipo de procedimento; e caso não fizessem jus ao que deles se esperava, eram imediatamente depostos.

Seleção ativa e passiva

O não iniciado que olha de fora, sem nunca ter estado num campo de concentração, geralmente tem uma ideia errada da situação num campo desses. Imagina a vida lá dentro de modo sentimental, simplifica a realidade e não tem a menor ideia da feroz luta pela existência, mesmo entre os próprios prisioneiros e justamente nos campos menores. É violenta a luta pelo pão de cada dia e pela preservação e salvação da vida. Luta-se sem dó nem piedade pelos próprios interesses, sejam eles do indivíduo ou do seu grupo mais íntimo de amigos. Suponhamos, por exemplo, que seja iminente um transporte para levar certo número de internados para outro campo de concentração, segundo a versão oficial, mas há boas razões para supor que o destino seja a câmara de gás, porque o transporte de pessoas doentes e fracas representa uma seleção dos prisioneiros incapacitados de trabalhar, que deverão ser dizimados num campo maior, equipado com câmaras de gás e crematório. É neste momento que estoura a guerra de todos contra todos, ou melhor, de uns grupos e panelinhas contra outros. Cada qual procura proteger-se a si mesmo ou os que lhe são chegados, pô-los a salvo do transporte, "requisitá-los" no último momento da lista do transporte. Um fato está claro para todos: para aquele que for salvo dessa maneira, outro terá que entrar na lista. Afinal de contas, o que importa é o número; o transporte terá que ser completado com determinado número de prisioneiros. Cada qual então representa pura e simplesmente uma cifra, pois na lista constam apenas os números dos prisioneiros. Afinal de contas, é preciso considerar que em Auschwitz, por exemplo, quando o prisioneiro passa pela recepção, ele é despojado de todos os haveres e assim também acaba ficando sem nenhum documento, de modo que, quem quiser, pode simplesmente adotar um nome qualquer, alegar outra profissão etc. Não são poucos os que apelam para esse truque, por diversas razões. A única coisa que não dá margem a dúvidas e que interessa aos funcionários do campo de concentração é o número do prisioneiro, geralmente tatuado no corpo. Nenhum vigia ou supervisor tem a ideia de exigir que o prisioneiro se identifique pelo nome, quando quer denunciá-lo, o que geralmente acontece por alegação de "preguiça". Simplesmente verifica o número que todo prisioneiro precisa usar, costurado em determinados pontos da calça, do casaco e da capa, e o anota (ocorrência muito temida por suas consequências).

Voltemos ao caso do transporte previsto. Nessa situação, o prisioneiro não tem tempo nem disposição para se demorar em reflexões abstratas e morais. Cada qual só pensa em salvar a sua vida para os seus, que por ele esperam em casa, e preservar aqueles aos quais se sente ligado de alguma forma no campo de concentração. Por isso não hesitará em dar um jeito de incluir outra pessoa, outro "número" no transporte.

Pelo que dissemos acima já dá para entender que os *capos* eram resultado de uma espécie de seleção negativa: para essa função somente se prestavam os indivíduos mais brutais, embora felizmente tenha havido, é claro, exceções, as quais, deliberadamente, não vamos considerar aqui. Mas além dessa seleção ativa, efetuada, por assim dizer, pelo pessoal da SS, havia ainda uma seleção passiva. Existiam prisioneiros que viviam anos a fio em campos de concentração e eram transferidos de um para outro, passando às vezes por dezenas deles. Dentre eles, em geral, somente conseguiam manter-se com vida aqueles que não tinham escrúpulos nessa luta pela preservação da vida e que não hesitavam em usar métodos violentos ou mesmo em roubar dos inimigos. Todos nós que escapamos com vida por milhares e milhares de felizes coincidências ou milagres divinos – seja lá como quisermos chamá-los – sabemos e podemos dizer, sem hesitação, que os melhores não voltaram.

Relato do prisioneiro Nº 119.104: ensaio psicológico

Quando o ex-prisioneiro 119.104 tenta descrever agora o que vivenciou como psicólogo no campo de concentração, é preciso observar de antemão que naturalmente ele não atuou ali como psicólogo, nem mesmo como médico (a não ser durante as últimas semanas). Cumpre salientar esse detalhe, porque o importante não será mostrar o seu modo de vida pessoal, mas a maneira como precisamente o prisioneiro comum experimentou a vida no campo de concentração. Não é sem orgulho que digo não ter sido mais que um prisioneiro "comum", nada fui senão o simples nº 119.104. A maior parte do tempo estive trabalhando em escavações e na construção de ferrovias. Enquanto alguns poucos colegas de profissão tiveram a sorte de ficar aplicando ataduras improvisadas com papel de lixo em postos de emergência dotados de algum tipo de calefação, eu, por exemplo, tive de cavar sozinho um túnel por baixo de uma estrada para a colocação de canos d'água. Isso para mim não deixou de ser importante, pois como reconhecimento desse "serviço prestado" recebi dois dos assim chamados cupons-prêmio, pouco antes do Natal de 1944. Esses cupons eram emitidos pela firma de construção à qual éramos literalmente vendidos como escravos pelo campo de concentração. Em troca de cada dia de trabalho de um prisioneiro a firma tinha que pagar à administração do campo determinada quantia. Cada cupom-prêmio custava à firma 50 centavos e era trocado por seis cigarros no campo de concentração, geralmente apenas depois de passadas algumas semanas. De repente eu estava de posse de um valor equivalente a doze cigarros! Acontece que doze cigarros valiam doze sopas, e doze sopas realmente significavam muitas vezes a salvação da morte por inanição, para duas semanas, ao menos. Somente um *capo,* que tinha seus cupons-prêmio garantidos, é que podia dar--se ao luxo de fumar cigarros – além do prisioneiro que dirigia alguma oficina ou depósito no almoxarifado e que recebia cigarros em troca de favores especiais. Todos os demais, os prisioneiros comuns, costumavam trocar por gêneros alimentícios aqueles cigarros que recebiam por meio de cupons-prêmio, isto é, por meio de serviços adicionais que representavam perigo de vida; a não ser que tivessem desistido de continuar vivendo, por terem perdido as esperanças, resolvendo então "gozar" os últimos dias de vida que ainda tinham pela frente. Quando um colega começava a fumar seus poucos cigarros, já sabíamos que havia perdido a esperança de poder continuar – e, de fato, então não aguentava mais.

O anterior foi para justificar e explicar o título do livro. Vejamos agora que sentido tem propriamente um relato deste tipo. Afinal de contas, já foi publicado um número mais que suficiente de relatos contando os fatos nos campos de concentração. Aqui, todavia, apresentaremos os fatos apenas na medida em que eles desencadeavam uma experiência na própria pessoa; é para a experiência pessoal em si que se voltará o estudo psicológico que segue. Este tem uma dupla intenção, procurando atingir tanto o leitor que conhece como aquele que não conhece por experiência própria o campo de concentração e a vida que ali se passa. Para o leitor que o conhece, procuraremos explicar suas experiências com os métodos científicos disponíveis no momento. Para os outros leitores, procuraremos tornar compreensível aquilo que para o primeiro já foi sentido e faltava ser explicado. O objetivo, então, é fazer o não iniciado também compreender a experiência do prisioneiro e suas atitudes, e compreender também aquele número tão reduzido de ex-prisioneiros que sobreviveram, aceitando sua atitude singular diante da vida – e que constitui uma novidade do ponto de vista psicológico. Pois a atitude dos sobreviventes não é sempre fácil de compreender. Frequentemente ouvimos essas pessoas dizerem: "Não gostamos de falar sobre a nossa experiência. Não é necessária nenhuma explicação para quem esteve num campo, e a quem não esteve jamais conseguiremos explicar o que havia dentro de nós, tampouco o que continuamos sentindo hoje".

É muito difícil fazer uma exposição metódica desse tipo de investigação psicológica. A psicologia exige distanciamento científico. Será que a pessoa que experimentou a vida no campo de concentração teria o distanciamento necessário, durante a experiência, ou seja, na época em que precisou fazer as respectivas observações? Aquele que está fora tem distanciamento, mas está distante demais do fluxo de vivência para poder colocar qualquer afirmação válida. Pode ser que quem esteve completamente envolvido tivesse muito pouco distanciamento para poder chegar a um julgamento bem objetivo. Ocorre, porém, que somente ele chega a conhecer a experiência em questão. Naturalmente não só é possível, mas é até muito provável, que o critério que aplica às coisas esteja distorcido. Isso será inevitável. Será mister tentar excluir da descrição o aspecto particular e pessoal na medida do possível; mas, quando necessário, ter também a coragem para uma descrição de cunho pessoal da experiência. Porque, a rigor, o perigo de uma investigação psicológica semelhante não reside em apresentar traços pessoais, mas exclusivamente em tornar-se tendenciosa. Por isso deixarei que outros destilem mais uma vez o que está sendo apresentado, tirando do extrato dessas experiências subjetivas suas conclusões impessoais em forma de teorias objetivas.

Essas teorias psicológicas poderiam ser uma contribuição à psicologia, ou psicopatologia, do encarceramento, investigada há décadas. Já a Primeira Guerra Mundial mostrou a "doença do arame farpado" dos primeiros campos de concentração. Devemos à Segunda Guerra Mundial a ampliação do nosso conhecimento sobre a "psicopatologia das massas" (para parafrasear o título de um livro bastante conhecido de LeBon); ela nos trouxe a "guerra de nervos" e todas as experiências do campo de concentração.

Neste ponto quero mencionar que inicialmente não pretendia publicar este livro com o meu nome, mas apenas indicando o meu número de prisioneiro. A razão disso era minha aversão a todo e qualquer exibicionismo com relação às experiências vividas. O manuscrito já estava concluído quando me convenceram de que uma publicação anônima comprometeria seu próprio valor, visto que a coragem da confissão eleva o valor do testemunho. Por amor à causa, portanto, desisti também de cortes posteriores, suplantando a aversão ao exibicionismo com a coragem de confessar – superando-me assim a mim mesmo.

A primeira fase: recepção no campo de concentração

Numa primeira classificação da enorme quantidade de material de observações sobre si mesmo ou sobre outros, do total de experiências e vivências passadas em campos de concentração, poderíamos distinguir três fases nas reações psicológicas do prisioneiro ante a vida no campo de concentração: a fase da recepção no campo, a fase da vida em si no campo de concentração e a fase após a soltura, ou melhor, da libertação do campo.

A estação ferroviária de Auschwitz

A primeira fase caracteriza-se pelo que se poderia chamar de choque de recepção. É preciso lembrar que o efeito de choque psicológico pode preceder à recepção formal, dependendo das circunstâncias. Esse foi o caso, por exemplo, naquele transporte no qual eu mesmo cheguei a Auschwitz. Imagine-se a situação: o transporte de 1.500 pessoas está a caminho há alguns dias e noites. Em cada vagão do trem se estiram 80 pessoas sobre a sua bagagem (seus últimos haveres). As mochilas, bolsas etc. empilhadas quase impedem a visão pelas janelas, deixando livre apenas um último vão na parte superior. Lá fora se divisa o primeiro clarão da aurora. Todos achávamos que o transporte se dirigia para alguma fábrica de armamento onde nos usariam para trabalhos forçados. Aparentemente o trem para em algum lugar no meio da linha: ninguém sabe ao certo se ainda estamos na Silésia ou já na Polônia. O apito estridente da locomotiva causa arrepios, ecoando como um grito de socorro ante o pressentimento daquela massa de gente personificada pela máquina e por esta conduzida rumo a uma grande desgraça. O trem começa a manobrar frente a uma grande estação. De repente, do amontoado de gente esperando ansiosamente no vagão, surge um grito: "Olha a tabuleta: Auschwitz!" Naquele momento não houve coração que não se abalasse. Todos sabiam o que significava Auschwitz. Esse nome suscitava imagens confusas, mas horripilantes de câmaras de gás, fornos crematórios e execuções em massa. O trem avança lentamente, como que hesitando, como se quisesse dar aos poucos a má notícia à sua desgraçada carga humana: "Auschwitz". Agora a visão já está melhor: a aurora já permite ver a silhueta de um campo de concentração de colossais dimensões estendendo-se por quilômetros à esquerda e à direita dos trilhos. Múltiplas cercas de arame farpado sem fim, torres de vigia, refletores e longas colunas de figuras humanas aos farrapos, cinzentas no alvorecer, que avançam exaustas pelas ruas desoladas, totalmente retas, do campo de concentração – sem que ninguém saiba para onde. Aqui e ali se ouve um apito de comando – e ninguém sabe para quê. Em alguns de nós, o terror fica estampado no rosto. Eu pensava estar vendo certo número de cadafalsos dos quais pendiam pessoas enforcadas. O horror tomava conta de mim, e isso era bom: segundo a segundo e passo a passo precisávamos nos defrontar com o horror.

Finalmente chegamos à estação de desembarque. Lá fora, nenhuma movimentação, ainda. De repente, brados de comando daquele jeito peculiar – estridente e rude – que de agora em diante ouviríamos sempre de novo em todos os campos de concentração, cujo som é semelhante ao último berro de um homem assassinado, com uma diferença: o som também é rouco e fanhoso, como se saísse da garganta de um homem que tem que gritar constantemente assim porque está sendo constantemente assassinado...

Abrem-se violentamente as portas do vagão e ele é invadido por um pequeno bando de prisioneiros trajando a roupa listrada típica de reclusos, cabeça raspada, porém muito bem alimentados. Falam todas as línguas europeias possíveis e irradiam todos uma jovialidade que neste momento e situação só pode mesmo ser grotesca. Como a pessoa que está prestes a se afogar e se agarra a uma palha, assim o meu arraigado otimismo, que desde então sempre me acomete justamente nas piores situações, se agarra a este fato: nem é tão má a aparência dessa gente, eles estão visivelmente bem-humorados e até rindo; quem diz que não chegarei também à situação relativamente boa e feliz desses prisioneiros? A psiquiatria conhece o quadro clínico da assim chamada ilusão de indulto: a pessoa condenada à morte, precisamente na hora de sua execução, começa a acreditar que ainda receberá o indulto justamente naquele último instante. Assim também nós nos agarrávamos a esperanças e acreditávamos até o último instante que não seria nem poderia ser tão ruim. "Olha só o rosto rechonchudo e rosado desses prisioneiros!" Nem de longe sonhávamos que se tratava de uma "elite", um grupo de prisioneiros escolhidos para receber os transportes dos milhares que, anos a fio, entravam diariamente pela estação de Auschwitz, isto é, para tomar conta de sua bagagem juntamente com os valores nela ocultos: utensílios difíceis de conseguir naquela época e joias contrabandeadas. Naquele tempo, Auschwitz era, sem dúvida, um centro singular na Europa da última fase da guerra: a quantidade de ouro, prata, platina e brilhantes que ali se encontrava, não só nos gigantescos depósitos, mas ainda em mãos do pessoal da SS bem como do grupo de prisioneiros que nos recebia, certamente não tinha paralelo. Certa vez, éramos 1.100 prisioneiros num único barracão (destinado a abrigar no máximo 200), esperando pelo transporte para campos menores, sentados, acocorados ou de pé, no chão de terra, passando frio e com fome. Não havia lugar para todos se sentarem, menos ainda para se deitarem. Num período de quatro dias recebemos uma única vez uma lasca de pão (de 150 gramas). Naquela ocasião, presenciei, por exemplo, uma conversa em que o encarregado do barracão negociava um prendedor de gravata, de platina, encravado de brilhantes, com um prisioneiro daquele grupo de elite. O grosso desses objetos, entretanto, acabava sendo trocado por aguardente. Não me lembro mais qual era o preço para o tanto de aguardente suficiente para se divertir uma noite. Só sei de uma coisa: esses prisioneiros de muitos anos precisavam de álcool. Quem vai censurar uma pessoa que se entorpece em semelhante situação interior e exterior? Para não falar dos prisioneiros postos a trabalhar nas câmaras de gás e no crematório, e que sabiam perfeitamente que, passando o seu turno, seriam substituídos por outro grupo, e que seguiriam eles mesmos um dia o caminho daquelas vítimas cujos carrascos eram forçados a ser agora. Esse grupo recebia álcool praticamente à vontade até do pessoal da SS.

A primeira seleção

Eu e praticamente todos os integrantes do nosso transporte estávamos, portanto, tomados por essa ilusão de indulto, que acredita que tudo ainda pode acabar bem. Pois ainda não tínhamos condições de entender a razão daquilo que ali se desenrolava; somente à noite é que iríamos entender. Mandaram-nos deixar toda a bagagem no vagão, desembarcar e formar uma fila de homens e outra de mulheres, para então desfilar perante um oficial superior da SS. Curiosamente, tive coragem de levar comigo minha sacola, escondida da melhor maneira possível debaixo da capa. Vejo, então, que a minha coluna se dirige, homem por homem, em direção ao oficial da SS. Fico calculando: se ele perceber o peso da sacola que me puxa para o lado, no mínimo levarei uma bofetada que me fará voar na lama; isso eu já conhecia de outra ocasião... Mais por instinto, quanto mais me aproximo daquele homem, deixo meu corpo cada vez mais ereto, para que ele não perceba que estou carregando um peso. Ei-lo agora à minha frente: alto, esbelto, elegante, num uniforme perfeito e reluzente – uma pessoa bem trajada e cuidada, muito distante das nossas tristes figuras de rosto sonolento e aparência decaída. Ele se sente muito à vontade. Apoia o cotovelo direito na mão esquerda, e com a mão direita erguida executa um leve aceno com o indicador, ora para a direita, ora para a esquerda. Nenhum de nós tinha a menor ideia do significado sinistro daquele pequeno gesto com o dedo – ora para a esquerda, ora para a direita, com frequência muito maior para a direita. Chega a minha vez. Alguém me sussurrou que para a direita ("do ponto de vista do espectador") ia-se para o trabalho; para a esquerda, para um campo de doentes e incapacitados de trabalhar. Simplesmente deixo os fatos acontecerem. É a primeira vez que faço isso. Mas tomarei essa atitude muitas vezes de agora em diante. Minha sacola me puxa para a esquerda, mas me aprumo e fico ereto. O homem da SS me olha criticamente. Parece hesitar, põe as duas mãos nos meus ombros; faço um esforço para assumir uma postura do tipo militar. Fico firme e ereto; lentamente ele faz girar os meus ombros – e lá me vou para a direita.

À noite, ficamos sabendo o significado desse jogo com o dedo indicador: era a primeira seleção! A primeira decisão sobre ser ou não ser. Para a imensa maioria do nosso transporte, cerca de 90%, foi a sentença de morte. Ela foi levada a cabo em poucas horas. Quem era mandado para a esquerda marchava diretamente da rampa da estação para um dos prédios do crematório, onde – segundo me contaram pessoas que ali trabalhavam – havia letreiros em diversas línguas europeias que caracterizavam o prédio como casa de banhos. Então todos os participantes do transporte mandados para a esquerda recebiam um pedaço de sabão marca "Rif". Sobre o que se desenrolava dali em diante posso calar-me, depois que relatos mais autênticos já o tornaram conhecido. Nós, a minoria do transporte, ficamos sabendo disso naquela mesma noite. Perguntei a companheiros que já estavam há mais tempo no campo de concentração onde poderia ter ido parar meu colega e amigo P. – "Ele foi mandado para o outro lado?" – "Sim", respondi. – "Então podes vê-lo ali", disseram. – "Onde?" Uma mão aponta para uma chaminé distante algumas centenas de metros, da qual sobe assustadora e alta labareda pelo imenso e cinzento céu polonês, para se extinguir em tenebrosa nuvem de fumaça. "O que há ali?" – "Ali o teu amigo está voando para o céu", é a resposta grosseira. Continuo sem entender; mas logo começo a compreender, assim que me "iniciam" no assunto.

Tudo isso contei por antecipação. Sob o ponto de vista psicológico, ainda tínhamos um caminho muito longo a percorrer, desde o alvorecer na estação até adormecermos pela primeira vez no campo de concentração. Nossa coluna foi obrigada a correr desde a estação, escoltada por um pelotão da guarda SS com o fuzil engatilhado, passando pelos corredores de arame farpado carregado de alta tensão, até o banho de desinfecção – para nós, eleitos na primeira seleção, ao menos um banho real. Mais uma vez era alimentada a nossa ilusão de indulto: a SS até parecia muito afável! Mas logo percebemos que eram agradáveis conosco enquanto viam relógios em nossos pulsos, para, em tom muito cordial, nos persuadir a entregá-los, já que de qualquer forma teríamos que entregar tudo o que ainda tínhamos conosco. Cada um de nós pensava consigo mesmo: perdido por perdido, se essa pessoa relativamente amigável receber o relógio em caráter particular – por que não? Quem sabe, um dia, poderá prestar-me algum favor.

Desinfecção

Ficamos esperando agora num galpão que forma a antessala da "desinfecção". A SS vem com cobertores sobre os quais devem ser jogadas as posses pessoais, todos os alimentos enlatados, todos os relógios e todas as joias. Para a diversão dos prisioneiros "antigos" que colaboram, ainda há entre nós alguns ingênuos que se arriscam a perguntar se não se poderia ficar ao menos com uma aliança, um medalhão, um talismã ou uma lembrança! Ninguém ainda consegue acreditar que de fato tiram literalmente tudo da gente. Procuro conquistar a confiança de um dos prisioneiros antigos. Aproximo-me dele com cuidado, mostro um rolo de papel no bolso interno da minha capa e digo: "Olha aqui! Tenho comigo um manuscrito científico a ser publicado – já sei o que vais dizer, já sei: 'escapar com vida, salvar a vida nua e crua é tudo, é o máximo que se pode pedir do destino'. Mas eu não posso largar isto, eu tenho essa mania de grandeza e quero mais. Quero ficar com este manuscrito, preservá-lo de alguma forma – ele contém a obra da minha vida; compreendes?" Ele começa a entender, sim; começa a sorrir com todo o rosto: primeiro, compassivo; depois, como se fosse divertido, fica de olhar zombeteiro e gozador até botar uma careta e gritar comigo, liquidando a minha pergunta com uma única palavra, aquela palavra que desde então sempre ouviria como a mais usada no vocabulário do prisioneiro do campo de concentração: "Merda!" Aí percebo em que pé estão as coisas. Faço aquilo que representa o ápice de toda essa primeira fase de reações psicológicas: dou por encerrada toda a minha vida até ali.

De repente surge uma movimentação no grupo de companheiros do transporte, parados, pálidos de medo, discutindo desorientados. Mais uma vez, os comandos gritados com voz rouca; todos são tocados na corrida e aos empurrões para dentro da antessala propriamente dita do banho. Estamos num galpão grande em cujo centro um homem da SS aguarda até que nosso grupo esteja completo. Então começa: "Dou dois minutos. Estou olhando para o meu relógio. Dentro de dois minutos vocês têm que estar completamente nus. Atirem tudo no chão; não podem levar nada, exceto sapatos, cintos ou suspensórios, um par de óculos e, no máximo, o bragueiro de quem tem hérnia. Vou cronometrar dois minutos: já!" Com uma pressa incrível o pessoal arranca a roupa do corpo; à medida que o tempo vai se esgotando, forçam a roupa, correias e cintos e se despem cada vez mais nervosos e desesperados. Súbito, os primeiros estalos.

Sobre os corpos nus descem chicotes. Somos levados para outra sala. Então nos raspam o pelo de cima a baixo. Não somente da cabeça; não fica um pelo no corpo inteiro. Dali somos tocados para dentro dos chuveiros. Entramos mais uma vez em fila. Um prisioneiro mal reconhece o outro. Mas é com grande alívio e alegria que alguns constatam que dos chuveiros realmente sai água...

O que resta: a existência nua e crua

Enquanto ainda esperamos pelo chuveiro, experimentamos integralmente a nudez: agora nada mais temos senão este nosso corpo nu (sem os cabelos). Nada possuímos a não ser, literalmente, nossa *existência nua e crua.* Que restou em comum com nossa vida de antes? Para mim, por exemplo, ficaram os óculos e o cinto; este, entretanto, teria que ser dado em troca de um pedaço de pão, mais tarde. Para quem usasse bragueiro, ainda houve uma pequena surpresa especial à noite: o encarregado do nosso barracão pronunciou uma saudação na qual deu a "palavra de honra" de que quem tivesse costurado "dólares ou metal precioso" em seu bragueiro seria enforcado por ele pessoalmente "nesse barrote ali" (apontando com o dedo). Com muito orgulho, declarou ter esse direito como encarregado do grupo e segundo o regulamento do campo.

Os sapatos, com os quais em princípio podíamos ficar, foram um capítulo à parte. Calçados de relativa qualidade acabavam sendo tirados da gente, recebendo-se em troca um par que não servia. Deram-se mal aqueles que seguiram o conselho, aparentemente bem-intencionado, dos prisioneiros veteranos da guarda na antessala, de cortar o cano alto de suas elegantes botas e disfarçar esse "ato de sabotagem" passando sabão no corte. A SS parecia estar esperando justamente por isso e mandou que todos se apresentassem para a vistoria dos sapatos. Quem entrasse em suspeita de ter cortado o cano da sua bota era obrigado a entrar num pequeno quarto contíguo. Pouco depois se ouviam os estalos do açoite e os berros dos torturados.

As primeiras reações

Desfez-se assim, uma após outra, qualquer ilusão que alguém do grupo eventualmente ainda estivesse nutrindo. A maioria de nós agora é tomada de algo inesperado: humor negro! Sabemos que nada mais temos a perder a não ser uma vida ridiculamente nua. Debaixo do chuveiro, fazemos comentários engraçados, que pretendem ser gracejos. Em atitude meio forçada, cada qual se diverte primeiro consigo mesmo, depois também com os outros. Afinal, do chuveiro realmente sai água!

Além do humor negro aparece ainda outra sensação: de curiosidade. Conheço essa reação numa outra área, como atitude básica em situações especiais na vida. Sempre que eu estava em perigo de vida, em ocasiões anteriores – por exemplo, em quedas, ao escalar montanhas, das quais me saíra bem –, tive, durante frações de segundos, a mesma atitude frente ao que repentinamente estava sucedendo: curiosidade – vontade de saber se eu escaparia com vida ou não, com uma fratura na base do crânio ou em outro lugar etc. Também em Auschwitz dominava esse espírito de curiosidade praticamente fria, que distancia as pessoas do seu mundo, fazendo-as encará-lo com objetividade. Com a atitude de observar e esperar, a alma retrai-se e procura salvar-se para outro lugar. Estávamos curiosos por saber o que aconteceria agora e quais seriam as consequências. Por exemplo, as consequências de se ficar completamente nu e molhado ao ar livre no frio do outono avançado. Nos dias seguintes, a curiosidade cedeu lugar à surpresa; surpresa, por exemplo, de não se pegar um resfriado.

São muitas as surpresas triviais que ainda aguardam o prisioneiro recém-chegado. Quem é ligado à medicina aprende sobretudo uma coisa: os compêndios mentem! Em algum livro de estudo constava que a pessoa não consegue aguentar mais que determinado número de horas sem dormir. Trata-se de concepção totalmente errada. Eu mesmo tinha a convicção de que havia certas coisas que eu simplesmente não conseguiria fazer ou deixar de fazer. Não poderia dormir "caso não...". Não conseguia viver "sem...". Na primeira noite em Auschwitz, dormi em beliches de três andares, e em cada andar (medindo mais ou menos 2 x 2,5 m) dormiram nove pessoas, em cima de tábua nua; para cobrir-se, havia dois cobertores para cada andar, isto é, para nove pessoas. Naturalmente só podíamos nos deitar de lado, apertados e forçados um contra o outro, o que, por outro lado, face ao frio reinante no barracão sem calefação, não deixava de ter suas vantagens. Não era permitido levar sapatos para os beliches. Em grave infração do código, um ou outro os usava à guisa de travesseiro, mesmo estando completamente enlameados. No mais, nada nos restava senão apoiar a cabeça sobre o braço esticado para cima, mesmo que quase o destroncasse. Mas o sono leva consigo o estado consciente, eliminando também o dolorido da posição.

Outras coisas surpreendentes que se consegue fazer: passar meses ou anos no campo de concentração sem escovar os dentes, e, mesmo assim, ter uma gengiva em estado melhor do que em épocas de alimentação mais sadia, apesar da considerável deficiência de vitaminas. Ou usar a mesma camisa durante metade de um ano, até ela ficar completamente irreconhecível; não poder lavar-se de forma alguma durante dias, nem parcialmente, por estar congelada a água nos canos do lavatório; não ficar com pus nas mãos feridas e sujas de trabalhar na terra (claro, enquanto não houvesse sintomas de congelamento). Uma pessoa de sono leve, que costumava acordar com o menor ruído no quarto ao lado, aperta-se agora contra um companheiro que ronca a plenos pulmões a poucos centímetros de seu ouvido e consegue cair em sono profundo logo depois de deitar. Então nos dávamos conta da verdade daquela frase de Dostoievski que define o ser humano como o ser que a tudo se habitua. Podem nos perguntar. Nós sabemos dizer até que ponto é verdade que a pessoa a tudo se acostuma, sem dúvida! Mas ninguém pergunte de que modo...

"Ir para o fio?"

A nossa investigação psicológica, no entanto, ainda não está terminada, tampouco nós, prisioneiros, já atingíramos esse ponto no curso dos eventos. Estávamos ainda na primeira fase da reação psicológica. Face à situação sem saída, ao perigo de morte a nos espreitar a cada dia, a cada hora e minuto, face à proximidade da morte de outros, da maioria, era natural que quase todos pensassem em suicídio, mesmo que apenas por um momento. Em virtude de minha ideologia básica, que se esclarecerá adiante, na primeira noite em Auschwitz, pouco antes de adormecer, fiz a mim mesmo a promessa, uma mão apertando a outra, de não "ir para o fio". Essa expressão, corrente no campo, designava o método usual de suicídio: tocar no arame farpado, eletrificado em alta tensão. Tomar a decisão negativa de não "ir para o fio" não era difícil. Afinal de contas, a tentativa de suicídio não fazia muito sentido. O mero cálculo de probabilidade, a "expectativa de vida" estatística praticamente excluía o prisioneiro comum do minguado percentual daqueles que ainda sobreviveriam às seleções vindouras, dos mais diversos tipos. Em Auschwitz, o internado em estado de choque não tem medo algum da morte. Nos primeiros dias de sua estada, a câmara de gás nem de longe representa um horror. Para ele, a câmara de gás é algo que o poupa de cometer suicídio.

A julgar por repetidas manifestações de companheiros, o choque da recepção não chegou a me abater muito. Isso eu admito. Mesmo assim, somente pude dar um sorriso, e bem sincero, quando, na manhã após a primeira noite em Auschwitz, sucedeu o que vou contar. Durante o período em que era proibido sair da barraca sem incumbência expressa, um conhecido colega que chegara a Auschwitz semanas antes de nós infiltrou-se em nossa barraca. Queria tranquilizar-nos, dar esclarecimento e consolo. Magro a ponto de não o reconhecermos logo, mas mostrando-se bem disposto e despreocupado, forneceu-nos algumas dicas: "Não tenham medo! Não se preocupem com as seleções! Médicos têm mais chance com o M." (que era médico-chefe da SS. – Não era verdade, porém não quero entrar no mérito da questão, nem quão diabólica era a aparência do mencionado "médico". O médico do bloco, prisioneiro como nós, homem de uns sessenta anos, contou-nos que implorara ao doutor M. que poupasse seu filho, destinado à câmara de gás. O doutor M., entretanto, lho negou fria e terminantemente). "Só aconselho e peço uma coisa: vocês têm que fazer a barba, todos os dias, seja de que jeito for, nem que seja com um caco de vidro. Mesmo que vocês tenham que sacrificar o último pedaço de pão para que alguém faça a sua barba. Vocês então parecem mais jovens, o rosto fica mais rosado depois de raspado. Não fiquem doentes de jeito nenhum, nem com a aparência de doentes! Se vocês querem continuar com vida, só há um jeito: dar a impressão de serem capazes de trabalhar. Basta alguém ficar mancando por qualquer ferimento banal ou quando o sapato está apertando. Se a SS vê alguém nesse estado, convoca-o com um aceno, e no dia seguinte é certo que ele vai para a câmara de gás. Sabem o que nós chamamos de 'muçulmano'? Uma triste figura, um decrépito de jeito adoentado e magro que não aguenta mais trabalho pesado. Mais cedo ou mais tarde, geralmente bem cedo, todo muçulmano acaba na câmara de gás! Por isso repito: vocês têm que fazer a barba, têm que andar com compostura! Então não precisam ter medo da câmara de gás. Assim como vocês estão parados na minha frente, mesmo só com vinte e quatro horas de vida no campo, vocês todos não precisam ter medo algum da câmara de gás, exceto talvez um: você", e apontou para mim. "Você não vai ficar bravo comigo, não é? Mas eu digo isso abertamente para vocês. Só mesmo ele, talvez", e acenou com a cabeça mais uma vez em minha direção, "dentre vocês todos, só ele entra em cogitação na próxima seleção. Portanto vocês podem ficar tranquilos!" Eu juro que naquela ocasião dei um sorriso, e estou convicto de que qualquer outro na minha situação e naquele dia não teria reagido de outra forma.

Gotthold Ephraim Lessing foi quem disse uma vez: "Quem não perde a cabeça com certas coisas é porque não tem cabeça para perder". Ora, numa situação anormal, uma reação anormal simplesmente é a conduta normal. Também como psiquiatras esperamos que uma pessoa, quanto mais normal for, reaja de modo mais anormal ao fato de ter caído numa situação anormal, como seja, de ter sido internada num manicômio. Também um prisioneiro, ao ser internado num campo de concentração, demonstra um estado de espírito anormal, embora não deixe de ser uma reação psicológica natural e, conforme ainda se mostrará, típica naquelas circunstâncias.

A segunda fase: a vida no campo de concentração

Apatia

O tipo de reação que acabamos de caracterizar começa a se alterar depois de poucos dias. Após o primeiro estágio de choque, o prisioneiro passa para o segundo estágio, a fase de relativa apatia. A pessoa, aos poucos, vai morrendo interiormente. Fora as diversas reações emotivas acima descritas, o prisioneiro recém-internado ainda experimenta, durante o primeiro período de sua estada no campo, outras sensações extremamente torturantes, que logo tenta suprimir. Surge, sobretudo, indizível saudade de seus familiares. Uma saudade tão ardente, que só resta uma sensação: a de se consumir. Além disso há o nojo. O nojo de toda a fealdade que o cerca, interior e exterior. Assim como a maioria dos seus companheiros, o prisioneiro está "vestido" em farrapos tais, que a seu lado um espantalho teria ares de elegância. Entre as barracas, no campo de concentração, há somente um lodaçal. E quanto mais se trabalha em sua eliminação, tanto mais se entra em contato com a lama. É justamente o recém-internado que costuma ser destacado para grupos de trabalho nos quais terá que se ocupar com a limpeza de latrinas, eliminação de excrementos etc. Quando esses são transportados sobre terreno acidentado, geralmente não escapamos de levar uns respingos do líquido abjeto; qualquer gesto que revele uma tentativa de limpar o rosto, com certeza provocará uma bordoada do *capo,* que se irrita com a excessiva sensibilidade do trabalhador. A mortificação dos sentimentos normais continua avançando. No começo, o prisioneiro desvia o olhar ao ser convocado, por exemplo, para assistir aos exercícios impostos a algum grupo como punição. Por enquanto ele não consegue suportar a cena de pessoas sendo sadicamente torturadas, vendo companheiros subindo e baixando horas a fio na sujeira, ao ritmo ditado a porrete. Passados alguns dias ou semanas, contudo, ele já reage de forma diferente. De manhã cedo, ainda no escuro, está com o grupo de trabalho, pronto para sair marchando numa das ruas do campo, frente ao portão de entrada; ouve gritos, olha e observa como um companheiro seu é esmurrado até cair no chão, e isto várias vezes. É levantado e sempre de novo derrubado a socos. Por quê? Porque está ardendo em febre, a qual começou durante a noite, impossibilitando-o de ir ao ambulatório em tempo hábil para verificar sua temperatura e solicitar a licença. Agora ele é punido pela vã tentativa de receber baixa de manhã para não precisar marchar para o trabalho externo. O recluso observador, em pleno segundo estágio de suas reações psíquicas, não mais tenta ignorar a cena. Indiferente e já insensível, pode ficar observando sem se perturbar.

Outra: quando ele mesmo, à noite, fica se espremendo no ambulatório na esperança de receber dois dias de "repouso", por causa de suas lesões ou de seu edema em decorrência da fome, ou por causa de sua febre, de sorte que não necessita sair para o trabalho durante esses dois dias, não se deixa perturbar ao ver um menino de uns doze anos, para o qual não mais havia calçados no campo e que por isso fora obrigado a ficar por horas a fio de pés descalços na neve, prestando serviços externos durante o dia. Os dedos dos pés do menino estão crestados de frio, e o médico do ambulatório arranca com a pinça os tocos necróticos e enegrecidos de suas articulações. O nojo, o horror, o compadecimento, a revolta, tudo isso nosso observador já não pode sentir nesse momento. Padecentes, moribundos e mortos constituem uma cena tão corriqueira, depois de algumas semanas num campo de concentração, que não conseguem sensibilizá-lo mais.

Por certo tempo, estive num barracão em que estavam aquartelados os que sofriam de tifo exantemático, em meio a pacientes com febre alta e em pleno delírio, muitos deles às portas da morte. Mais um acaba de morrer. Que acontece pela enésima vez, sim, pela enésima vez, sem despertar um mínimo de reação ou sentimento? Fico observando como um companheiro depois do outro se aproxima do cadáver ainda quente; um lhe surrupia o resto de batatas encardidas do almoço; outro verifica que os tamancos do cadáver ainda estão um pouco melhores que os seus próprios; um terceiro tira o paletó do morto; outro, afinal, ainda fica contente por surrupiar um barbante de verdade – imagine. Fico olhando, apático. Finalmente dou-me um empurrão e me animo a convencer o "enfermeiro" a levar o corpo para fora do barracão (um galpão de chão batido). Quando ele resolve fazê-lo, pega o cadáver pelas pernas, rolando-o em direção ao estreito corredor entre as duas fileiras de tábuas à esquerda e à direita, sobre as quais estão deitados os cinquenta enfermos acometidos da febre, para então arrastá-lo pelo chão acidentado até chegar à porta do barracão. Dali sobe dois degraus para fora, em direção ao ar livre – o que já é um problema para nós, debilitados pela fome crônica. Sem auxílio das mãos, sem nos puxarmos para cima segurando nos postes, todos nós, que já estamos há meses no campo, há muito não conseguimos mais levantar o próprio peso do corpo somente com a força das pernas, para vencer esses dois degraus de vinte centímetros. Agora o homem chega até lá com o cadáver. Com muito esforço ele se alça primeiro, depois o morto: primeiro as pernas, depois o tronco, finalmente o crânio, que dá lúgubres pancadas nos degraus. Logo em seguida é trazido o barril com a sopa, que é distribuída e avidamente sorvida.

O meu lugar fica em frente à porta, do outro lado da barraca, próximo da única janelinha, um pouco acima do solo. Minhas mãos geladas aconchegam-se à vasilha quente da sopa. Enquanto sorvo seu conteúdo sofregamente, por acaso dou uma espiada para fora da janela. Lá está o cadáver recém-tirado do barracão, a fitar a janela de olhos esbugalhados. Há apenas duas horas eu estava conversando com esse companheiro. Continuo tomando a sopa. Se eu não tivesse ficado espantado com a minha própria insensibilidade, de certa forma por curiosidade profissional, essa experiência nem se teria fixado em minha memória, de tão pouco sentimento que o fato todo me despertou.

O que dói

A apatia e a insensibilidade emocional, o desleixo interior e a indiferença – tudo isso são características do que designamos de segunda fase dentro das reações psicológicas do recluso no campo de concentração – muito cedo também tornam a vítima insensível aos espancamentos diários e em quase cada hora. Essa ausência de sensibilidade constitui uma couraça sumamente necessária da qual se reveste em tempo a alma dos prisioneiros.

No campo se é espancado pelas razões mais insignificantes, ou mesmo sem razão alguma. Por exemplo: no local da obra onde trabalho está sendo distribuída a "merenda". Colocamo-nos em fila. Aquele que se encontrava atrás de mim deve ter se colocado talvez um palmo fora do alinhamento, o que não deve ter agradado ao guarda SS, talvez por um capricho de simetria ética, embora do ponto de vista disciplinar isso fosse completamente irrelevante e supérfluo – afinal de contas, estávamos num terreno acidentado e ainda não nivelado. Eu, porém, não podia ter a menor ideia do que ocorria atrás de mim na fila, nem do que se passava na mente do guarda. De repente, senti dois violentos golpes na cabeça. Só então me dei conta de que o guarda estava parado a meu lado e tinha usado o cassetete.

A dor física causada por golpes não é o mais importante – por sinal, não só para nós, prisioneiros adultos, mas também para crianças que recebem castigo físico! A dor psicológica, a revolta pela injustiça ante a falta de qualquer razão é o que mais dói numa hora dessas. Assim é compreensível que um golpe que nem chega a acertar eventualmente pode doer até muito mais. Exemplo: certa vez, estive trabalhando numa estrada de ferro, em plena tempestade de neve. Nem a tempestade seria razão suficiente para interromper o trabalho; e para não sentir muito frio, aplico todo o ímpeto em "entupir" com pedras os espaços debaixo dos trilhos. Paro por um momento, a fim de tomar fôlego, e me apoio na ferramenta. Por infelicidade, no mesmo instante o guarda se vira em minha direção e pensa naturalmente que estou vadiando. O que me dói agora, apesar de tudo e a despeito da insensibilidade crescente, não é a perspectiva de alguma carraspana ou bordoada, e sim o fato de que para aquele guarda essa figura decrépita e esfarrapada, que só de longe lembra vagamente um ser humano, não merece sequer um insulto. Ao invés, ele não faz mais do que levantar uma pedra do chão e, como se estivesse brincando, atira-a em minha direção. Desse jeito – foi o que senti – chama-se a atenção de um bicho qualquer, assim se adverte o animal doméstico de seu "dever", o animal com que se tem uma relação tão superficial que "nem" se chega a castigá-lo.

O escárnio

O que mais dói ao ser golpeado é o escárnio. Estamos carregando dormentes longos e pesados sobre os trilhos cobertos de gelo. Se qualquer um de nós cair, há enorme perigo não só para o infeliz, mas também para os companheiros que, junto com ele, carregam o dormente. Um colega e velho amigo meu tem, de nascença, uma luxação na coxa. Ele se considera feliz por ainda conseguir trabalhar, uma vez que para pessoas com defeito físico, como ele, cada "seleção" significa morte certa na câmara de gás. Agora ele vai mancando ao longo dos trilhos, carregando um dormente excepcionalmente pesado. A poucos passos do lugar onde esses são empilhados, vejo que ele quase perde o equilíbrio, com perigo de cair e derrubar também os outros. Como ainda não recebi um dormente para carregar, vou automaticamente em seu socorro, para apoiá-lo e ajudá-lo a carregar. Eis que já desce o cassetete sobre minhas costas. Com uma gritaria louca, sou repreendido e mandado de volta. Mas poucos minutos antes o mesmo supervisor acabara de me dizer em tom de deboche que nós, "velhacos", não tínhamos espírito de camaradagem.

De outra feita, a uma temperatura de 20 graus negativos, começamos a picar a camada superior do chão, que estava completamente congelada, em plena floresta, para assentar tubos de canalização de água. Na época eu já estava bastante enfraquecido fisicamente. Chega o capataz, bochechudo e de faces rosadas. Seu rosto lembra uma perfeita cabeça de leitão. Noto que está usando luvas grossas que fazem muito bem naquele frio, enquanto nós temos que trabalhar sem elas. Além disso, traja um casaco de couro forrado de peles. Ele me fixa por algum tempo, calado. Tenho um mau presságio, pois à minha frente se vê um monte de terra que permite controlar perfeitamente o quanto já produzi. Então ele começa: "Seu vagabundo! Estou de olho em você o tempo todo! Ainda vou ensiná-lo a trabalhar mesmo que você tenha que arrancar a terra a dentes! Olha que faço você esticar as canelas aqui mesmo! Em dois dias acabo com você! Logo se vê que em toda a sua vida nunca trabalhou! Afinal, o que você foi antes de vir aqui, seu porcalhão? Comerciante? Hein?". Para mim tanto faz. Tenho que levar a sério sua ameaça de acabar comigo em pouco tempo. Fico parado de pé e o fito com firmeza nos olhos: "Eu era médico. Especialista". – "O quê? Médico? Você aliviava o bolso das pessoas, isto sim!" – "Sr. capataz, por casualidade meu trabalho principal era feito de graça, em ambulatório para os pobres". Isso foi demais. Ele se atira em cima de mim, me derruba no chão e berra feito um louco – não lembro mais o quê. Mas tive sorte. Um *capo* do meu grupo de trabalho mostrava-se muito reconhecido para comigo. Passei a ser seu protegido desde quando lhe dera atenção ao me contar seus casos amorosos e conflitos matrimoniais durante a marcha de várias horas rumo ao local da obra; fi-lo com visível compreensão profissional e impressionei-o com uma diagnose caracterológica sobre a sua pessoa e alguns conselhos psicoterapêuticos.

Desde então ele me era muito grato. Já fazia vários dias que sua gratidão me era de grande valia. Isso porque mantinha um lugar reservado para mim ao seu lado na primeira fileira de cinco da nossa coluna de trabalho, que perfazia geralmente duzentos e oitenta indivíduos. Isso para mim foi de valor enorme. Imagine-se a situação: de manhã cedo, ainda no escuro, entramos em forma. Todos têm medo de chegar muito tarde, pois terão que se postar nas últimas fileiras. Acontece que em caso de se precisar homens para outro "comando de trabalho" desagradável e impróprio, chega o chefe do campo – momento temido, este – para buscar o número necessário de prisioneiros precisamente das últimas fileiras. Esses então têm que sair andando rumo a um comando de trabalho estranho e ao qual ninguém está habituado, sendo por isso muito temido, por várias razões. Mas às vezes também acontece que o chefe do campo, no intuito de pegar os "espertos", pega justamente as primeiras fileiras de cinco homens. Qualquer súplica ou protesto é silenciado com alguns pontapés certeiros, e as vítimas da sua escolha são tocadas aos berros e empurrões.

Isso, porém, jamais poderia me acontecer enquanto durassem as confidências do meu *capo.* Eu tinha meu lugar de honra reservado e garantido a seu lado. E havia mais um detalhe. Como era o caso com quase todos os internados no campo, nesta época eu já sofria de graves edemas provocados pela fome. Minhas pernas estavam tão inchadas e a pele tão esticada, que já não conseguia dobrar direito os joelhos; para enfiar os pés inchados nos sapatos, eu precisava deixá-los abertos. E mesmo que tivesse meias, não poderia calçá-las. Tinha sempre os pés molhados e os sapatos recheados de neve. A consequência foi que logo fiquei com os pés crestados e feridos. Literalmente, todo e qualquer passo que desse significava um pequeno martírio. Além disso, ao marchar sobre os campos cobertos de neve, ia-se acumulando gelo no calçado defeituoso. Repetidamente acontecia que um companheiro caía, fazendo com que os que vinham atrás também caíssem sobre ele. Neste caso, aquela parte da coluna tinha que parar e esta se dividia – mas não por muito tempo. Pois imediatamente um dos guardas da escolta vinha correndo – e choviam coronhadas sobre os companheiros para que se levantassem logo. Quanto mais à frente a gente estivesse na coluna, menos efeitos teriam sobre a respectiva fileira essas repetidas perturbações, e, por isso, tanto menos se teria que ficar parado para então alcançar os outros na corrida – a despeito dos pés doloridos. Por isso me dava por satisfeito porque podia, como médico e psiquiatra honorário do Sr. *capo,* marchar ao lado dele, na primeiríssima fileira e, por conseguinte, em ritmo uniforme. Isso para não falar de outras vantagens adicionais: quando da distribuição da sopa do meio-dia, enquanto ainda havia sopa, o *capo,* ao chegar a minha vez, mergulhava a concha mais fundo no barril para apanhar algumas ervilhas.

Naquela ocasião, portanto, esse *capo,* um ex-oficial, teve a coragem de segredar ao irritado capataz que ele me conhecia como "bom trabalhador". Pouco adiantou – porém mesmo assim mais uma vez escapei com vida. No dia seguinte, o *capo* contrabandeou-me para outro comando de trabalho. Com esse episódio, relativamente trivial à primeira vista, eu quis apenas mostrar que mesmo aquele que já perdeu a sensibilidade emocional ainda chega a ser tomado de revolta, não por brutalidade externa ou qualquer dor física, mas pelo escárnio que acompanha tudo isso. Naquela ocasião, o sangue subiu-me violentamente à cabeça ao ouvir a desfaçatez de um indivíduo que não tinha a menor ideia da minha vida anterior – "um indivíduo (devo reconhecer que essa observação posterior perante os companheiros que me rodeavam me aliviou de certa forma, embora pareça infantil) tão ordinário e de aspecto tão brutal, que a enfermeira do hospital em que eu trabalhava não o teria deixado entrar nem na sala de espera".

Entretanto, também havia capatazes que tinham pena de nós e faziam o possível para amenizar nossa situação, ao menos no local da obra. É verdade que também eles frequentemente nos lançavam no rosto que um trabalhador normal, em menos tempo, renderia muito mais do que nós. Entretanto, aceitavam nossa réplica de que um trabalhador normal não se sustenta com trezentos gramas de pão e um litro de sopa rala por dia (teoricamente; na prática era menos ainda); de que um trabalhador normal não está submetido à mesma pressão psicológica que nós, que nada ficávamos sabendo dos nossos familiares igualmente levados para campos de concentração ou logo executados em câmara de gás; que um trabalhador normal não se encontra sob constante ameaça de morte, diariamente e a qualquer momento etc. etc.

Certa vez, dei-me até ao luxo de fazer a seguinte observação frente a um capataz de boa índole: "Se o senhor aprender comigo a fazer punções cerebrais em poucas semanas, assim como eu estou aprendendo a trabalhar com terra com o senhor, então gozará de todo o meu respeito!" Ao que ele sorriu.

A apatia como principal sintoma da segunda fase é um mecanismo necessário de autoproteção da psique. Reduz-se a percepção da realidade. Toda a atenção e portanto também os sentimentos se concentram em torno de um único objetivo: pura e simplesmente salvar a vida – a própria e a do outro! Assim se podia ouvir repetidamente os companheiros dizerem, quando voltavam do local de trabalho ao campo, à noitinha, numa exclamação bem típica: "Então, passou mais um dia!"

Os sonhos dos prisioneiros

Compreende-se perfeitamente que, naquela situação psicológica sem saída e sob a pressão da necessidade de se concentrar na preservação imediata da vida, toda a vida psíquica parece baixar a um nível primitivo. Por isso colegas de orientação psicanalítica entre os companheiros costumavam falar de uma "regressão" da pessoa no campo de concentração, de um retraimento a uma forma mais primitiva da vida psíquica. Essa primitividade dos desejos e anseios revela-se nos sonhos típicos dos reclusos.

Qual é o sonho mais frequente da pessoa internada no campo? Ela sonha com pão, com tortas, cigarros e com uma banheira cheia de água quente. A não satisfação das respectivas necessidades mais primitivas faz com que ela experimente a satisfação das mesmas em sonhos primitivos de realização de desejos. Outra coisa é o efeito desse sonho sobre quem sonha, no momento em que desperta para a realidade do campo de concentração e sente o terrível contraste entre a ilusão do sonho e a realidade do campo.

Jamais vou esquecer certa noite em que fui acordado pelo companheiro que dormia ao meu lado a gemer e revolver-se, evidentemente sob o efeito de algum pesadelo horrível. Quero observar de antemão que pessoalmente sempre tive pena de pessoas torturadas por angustiosos pesadelos ou fantasias. Por isso eu já estava prestes a acordar o pobre companheiro atormentado pelo pesadelo. Neste instante, assustei-me do meu propósito e retirei a minha mão que já ia despertar o companheiro do seu sonho. Pois, naquele momento, me conscientizei com muita nitidez de que nem mesmo o sonho mais terrível poderia ser tão ruim como a realidade que nos cercava ali no campo; e eu estava prestes a chamar alguém de volta para a experiência desperta e consciente desta realidade...

Fome

Face ao estado de extrema subnutrição em que se encontravam os prisioneiros, é compreensível que, entre os instintos primitivos que representam a "regressão" da vida psicológica no campo, o instinto de alimentação ocupasse o lugar principal. Observemos os prisioneiros de um modo geral quando estão juntos no lugar de trabalho, num momento em que não estão sendo tão rigorosamente vigiados. A primeira coisa de que começam a falar é comida. Imediatamente alguém começará por perguntar ao colega que trabalha a seu lado na vala qual seu prato favorito. Começam a trocar receitas e compor menus para o dia em que pretendem convidar-se mutuamente para um reencontro, futuramente, depois de libertos e de volta em casa. Esse assunto fascina-os tanto, que não conseguem largá-lo antes do convencionado sinal de aviso, geralmente dissimulado pela menção de um número, por exemplo, alertando os que estão na vala da chegada do guarda.

Eu pessoalmente sempre tive minhas reservas com relação a essa conversa constante, quase obsessiva, sobre comida (no campo costumava-se chamá-la de "onanismo estomacal"). Não se deve provocar o organismo com essas imagens de iguarias, muito intensas e carregadas de sentimento, quando ele já conseguiu, em termos, adaptar-se de alguma maneira às reduzidíssimas rações e quantidades de calorias. O alívio psíquico é produzido por ilusões que certamente podem ser perigosas na área fisiológica.

Nos últimos tempos, a alimentação diária consistia numa sopa bastante aguada, distribuída uma vez durante o dia, e na minúscula ração de pão já mencionada. Além disso, havia o assim chamado extra, que podiam ser vinte gramas de margarina, ou uma rodela de linguiça de má qualidade, ou um pedacinho de queijo, ou mel artificial, ou uma colher de geleia etc., alternando a cada dia. Em termos de calorias, essa alimentação era absolutamente insuficiente, ainda mais considerando o pesado trabalho físico, a exposição a temperaturas abaixo de zero com agasalho extremamente precário.

Pior ainda era a situação dos doentes que estavam sendo "poupados", que podiam ficar deitados na barraca e não precisavam deixar o campo para o trabalho externo. Uma vez consumidos os últimos vestígios de gordura no tecido subcutâneo, ficávamos parecendo esqueletos vestidos de pele dos quais pendiam alguns trapos. Dali para frente podíamos observar como o corpo passava a devorar-se a si mesmo. O organismo consumia sua própria proteína, a musculatura ia definhando. Agora o corpo também não apresentava mais resistência. Morria um atrás do outro na comunidade formada por nosso barracão. Cada qual podia calcular com bastante precisão quem seria o próximo e quando seria sua própria vez. Afinal, o grande número de casos observados já permitia conhecer bem os sintomas, baseados nos quais se podia prever com boa margem de segurança o tempo de vida que ainda restava para alguém. "Esse não vai muito longe", ou "esse vai ser o próximo" – era o que segredávamos um ao outro. À noite, quando matávamos os piolhos antes de nos deitar, víamos nosso corpo nu, e cada qual ficava pensando consigo mesmo: na realidade este corpo aí, o meu corpo, já não passa de um cadáver. O que éramos ainda? Uma partícula de uma grande massa de carne humana; uma massa cercada de arame farpado, comprimida em algumas cabanas de chão batido; uma massa da qual diariamente apodrecia um certo percentual por ter ficado sem vida.

Falamos antes da natureza obsessiva de pensamentos sobre comida ou sobre certos pratos favoritos, pensamentos que se impõem ao prisioneiro assim que ele dispõe de um pouco de tempo ou espaço em seu consciente. Por isso é de entender que justamente os melhores entre nós esperassem ansiosamente pelo tempo em que pudessem alimentar-se de modo mais ou menos normal novamente, não por amor aos pratos saborosos, mas para que finalmente acabasse aquela situação indigna para um ser humano de não se conseguir mais pensar em outra coisa senão comer.

Quem não passou por isso dificilmente poderá imaginar o desgaste interior causado pelos conflitos da força de vontade que se desenrolam na pessoa do faminto. Não é fácil imaginar o que significa estar na vala, empunhando a picareta e ficar sempre atento à espera da sirene indicar nove e meia ou dez horas, ou da pausa de meia hora, ao meio-dia, com a distribuição da "merenda" (na época em que ainda havia merenda). Ficávamos perguntando repetidamente as horas ao capataz, caso não fosse pessoa intratável, ou mesmo a passantes civis. Apalpávamos carinhosamente um pequeno pedaço de pão no bolso da capa, com os dedos desprovidos de luvas e entorpecidos de frio, quebrávamos um pedacinho que levávamos à boca para então, num último esforço da vontade, fazê-lo voltar ao bolso. É que nesta manhã havíamos jurado aguentar até o meio-dia.

Nosso tempo era tomado por intermináveis discussões sobre a conveniência ou não de se comer aos poucos, ao longo do dia, a minguada ração de pão que, nos últimos tempos, era distribuída apenas uma vez. Havia dois grandes partidos. Uns eram a favor de se comer tudo de uma vez, assim que recebido. Isso teria duas vantagens: deste modo matava-se o pior da fome ao menos uma vez por dia, se bem que por pouco tempo, e em segundo lugar eliminava-se a possibilidade de roubo ou perda da ração. O partido contrário, por sua vez, dispunha de outros argumentos. No que tange a mim, acabei me convertendo a esse segundo grupo. Tinha para isso as minhas razões pessoais. Durante as vinte e quatro horas diárias no campo de concentração, o momento mais terrível era o despertar. Os três apitos estridentes que davam a ordem de "Levantar!" nos arrancavam sem dó nem piedade do sono da exaustão e de ansiosos sonhos, ainda em plena madrugada. Chegava o momento de enfrentar a luta com os sapatos molhados, nos quais mal e mal se conseguia enfiar os pés feridos e inchados pelo edema de fome. Nos primeiros minutos de vida acordada, começavam as lamúrias e as imprecações contra objetos como, por exemplo, os arames usados para substituir os cadarços, mas que de vez em quando acabam quebrando; até se ouviam companheiros de muita fibra chorarem como crianças porque, doravante, tinham que sair descalços rumo ao local de formatura, carregando nas mãos os sapatos demasiadamente apertados por causa da umidade. Nesses minutos terríveis, eu tinha um mísero consolo: tirar do bolso um pedacinho de pão guardado da noite anterior e mastigá-lo, entregue a esse prazer.

Sexualidade

A subnutrição faz com que os instintos que tomam conta do recluso na segunda fase de sua adaptação interior à vida do campo de concentração elevem para o primeiro plano de consciência o impulso de alimentação. Provavelmente é também o estado de subnutrição que explica o fato de o instinto sexual, de modo geral, não se manifestar. Exceto o efeito de choque inicial, somente assim é possível compreender aquilo que surpreende o psicólogo nesse aquartelamento maciço de homens: em contraste com a vida em outros alojamentos em massa (quartéis e similares), não ocorre aqui qualquer depravação sexual. E mesmo os sonhos dos prisioneiros quase nunca apresentam conteúdo sexual, ao passo que as "tendências inibidas quanto ao objeto", em sentido psicanalítico, ou seja, toda a ânsia de amor do prisioneiro, bem como outros sentimentos, de forma alguma deixam de aparecer em sonhos.

Ausência de sentimentos

Na maioria dos prisioneiros, a preponderância dos instintos primitivos e a peremptória necessidade de se concentrar sobre a pura e simples preservação da vida constantemente ameaçada suscitam uma depreciação radical de tudo aquilo que não serve a esse interesse exclusivo. Assim se explica a ausência absoluta de sentimentos por parte do prisioneiro quando avalia os acontecimentos. Quando ainda era inexperiente, tomei consciência dessa frieza de forma drástica, ao ser transferido de Auschwitz para um campo filial em Dachau, na Baviera. O trem, que transportava cerca de dois mil prisioneiros, passava por Viena. Cruzamos por uma estação vienense depois da meia-noite. O percurso seguinte passava defronte ao beco em que está a casa onde nasci e na qual vivi décadas inteiras da minha vida, até o momento em que fui deportado. Éramos cerca de cinquenta homens num pequeno vagão de prisioneiros, que tinha duas pequenas aberturas com grades. Apenas alguns de nós podiam sentar-se no chão, enquanto os demais eram forçados a ficar de pé horas a fio. Esses geralmente se apinhavam junto às aberturas. Eu também era um deles. Aquilo que pude entrever da minha cidade natal, por entre as cabeças à minha frente e através das grades, pondo-me nas pontas dos pés, tinha para mim um aspecto fantasmagórico ao extremo. Todos nos sentíamos mais mortos que vivos. Supúnhamos que o transporte se dirigisse para Mauthausen. Por isso achávamos que não viveríamos mais que uma ou duas semanas em média. Enxergava as ruas, praças e casas da minha infância, da minha terra natal – era um sentimento bem nítido – como se eu já tivesse morrido, como um morto olhando do além, um fantasma a contemplar essa cidade de aspecto fantasmagórico. O trem parte da estação, depois de longas horas de espera. Agora vem o beco – o meu beco! Começo a implorar como um mendigo. Os que estão à minha frente são jovens, embora já tenham atrás de si muitos anos no campo de concentração, razão por que uma viagem como aquela representa para eles uma rica safra de novas impressões e experiências, de modo que ficam espiando com muita curiosidade pela abertura. Peço-lhes que me deixem passar à frente por um momento. Procuro mostrar o que representa para mim olhar para fora naquele instante. Meio bruscos, meio indignados, com deboche e desprezo na voz, eles rejeitam meu pedido, que é quitado com a observação: "Tantos anos você viveu ali? Bom, então já viu o suficiente!"

Política e religião

A falta de sentimentos do prisioneiro de muitos anos no campo de concentração é precisamente um dos reflexos da desvalorização de tudo aquilo que não serve ao interesse mais primitivo da preservação da vida. Tudo o mais, necessariamente, parece um evidente luxo aos olhos do prisioneiro. Isso dá origem a um retraimento ante todas as questões intelectuais e culturais de todos os interesses mais elevados. De um modo geral, prevalece uma espécie de *hibernação cultural*. À parte desse fenômeno mais ou menos geral, existem apenas duas áreas de interesse. Em primeiro lugar, a política (o que não é de surpreender) e, em segundo, a religião (o que não deixa de ser notável). No campo de concentração, todos discutem política quase sem parar, mesmo que se trate apenas de ouvir sequiosamente os boatos infiltrados e passá-los adiante – sobre a situação militar do momento etc. Como, porém, a maioria deles se contradiz, havendo uma rápida sucessão de boatos incoerentes entre si, eles representam mais uma contribuição para a desgastante "guerra de nervos" que se processa nas almas dos prisioneiros. Com frequência cada vez maior eram desfeitas as esperanças de um breve final da guerra, despertadas pela maioria dos boatos otimistas. Alguns acabavam caindo em desespero definitivo. Justamente os otimistas incuráveis entre nós eram os que mais nos enervavam.

O interesse religioso dos prisioneiros, quando surgia, era o mais ardente que se possa imaginar. Não era sem um certo abalo que os prisioneiros recém-chegados se surpreendiam com a vitalidade e profundidade do sentimento religioso. O mais impressionante neste sentido devem ter sido as preces e os cultos improvisados, no canto de algum barracão ou num vagão de gado escuro e fechado, no qual éramos trazidos de volta após o trabalho em uma obra mais distante, cansados, famintos e passando frio em nossos trapos molhados.

O tifo exantemático, que atacou, como se sabe, quase todos os reclusos no inverno e na primavera de 1945, acarretou grande mortandade entre os doentes extenuados que faziam trabalho forçado até não poder mais, pessimamente alojados, geralmente sem receber qualquer assistência médica. Alguns dos sintomas dessa doença eram muitíssimo desagradáveis: uma repugnância quase que insuperável por qualquer bocado de comida (o que representava uma ameaça adicional para a vida) e ainda os terríveis delírios! Para escapar deles, fiz o mesmo que muitos outros: procurei manter-me acordado a maior parte da noite. Por horas a fio, fazia discursos mentalmente. Por fim passei a reconstruir, com rabiscos estenográficos, em minúsculos pedaços de papel, aquele manuscrito que tive que jogar fora antes da desinfecção em Auschwitz. O caso mais angustiante de delírio, entretanto, foi-me relatado a respeito de um companheiro que, sabendo-se próximo da morte, quis orar, mas não conseguiu articular palavras, transtornado pela febre...

Uma sessão espírita

Vez por outra podia surgir também um debate científico no campo de concentração. Certa vez presenciei algo que, embora me fosse de certa forma afim do ponto de vista profissional, eu jamais conhecera na vida normal: uma sessão espírita. O médico-chefe do campo, que teve o palpite de que eu era um psicólogo profissional, convidou-me para uma reunião altamente secreta no pequeno compartimento em que morava, na enfermaria. Reuniu-se ali um pequeno círculo no qual também se achava (em flagrante infração do código) o suboficial de saúde de nosso campo. Um colega estrangeiro começou a conjurar os espíritos numa espécie de reza. O secretário da enfermaria estava sentado frente a uma folha de papel em branco, devendo segurar um lápis sobre a mesma, sem qualquer intenção consciente de escrever. No curso de dez minutos – ao fim dos quais a sessão foi interrompida com a alegação de terem falhado os espíritos ou o médium –, seu lápis foi traçando muito lentamente algumas linhas sobre o papel, as quais podiam ser claramente decifradas como *vae v.* Afiançou-se que o secretário jamais aprendera latim tampouco teria ouvido as palavras *vae victis* (ai dos vencidos!). Se alguém me perguntasse, eu diria que, sem saber, ele já devia ter ouvido essas palavras alguma vez em sua vida, assim como também a respectiva tradução; e a nossa situação de então, poucos meses antes da nossa libertação, ou seja, do final da guerra, ensejava ao "espírito" (espírito do seu inconsciente) pensar justamente nessas palavras...

A fuga para dentro de si

Apesar de todo o primitivismo que toma conta da pessoa no campo de concentração, não só exteriormente, mas em sua vida interior, percebem-se, embora esporadicamente, os indícios de uma expressiva tendência para a vivência do próprio íntimo. Pessoas sensíveis, originalmente habituadas a uma vida intelectual e culturalmente ativa, dependendo das circunstâncias e a despeito de sua delicada sensibilidade emocional, experimentarão a difícil situação externa no campo de concentração de forma, sem dúvida, dolorosa; essa, não obstante, terá para elas efeitos menos destrutivos em sua existência espiritual. Pois justamente para essas pessoas permanece aberta a possibilidade de se retirar daquele ambiente terrível para se refugiar num domínio de liberdade espiritual e riqueza interior. Essa é a única explicação para o paradoxo de, às vezes, justamente aquelas pessoas de constituição mais delicada conseguirem suportar melhor a vida num campo de concentração do que as pessoas de natureza mais robusta.

Para tornar esse tipo de experiência mais ou menos compreensível, vejo-me outra vez obrigado a reportar-me a coisas pessoais. Recordo-me de quando saíamos do campo, de manhã cedo, marchando rumo à "obra". Ouve-se uma voz de comando: "Grupo de trabalho Weingut, marchar!!! Esquerda, 2, 3, 4, esquerda, 2, 3, 4! Cabo de fila, lateral! Esquerda – e – esquerda – e – esquerda – boinas fora!" Esses são os brados que a memória faz ressoar em meus ouvidos. Ao grito de "boinas fora!" passamos pelo portão do campo. Os refletores estão focados sobre nós. Quem não marchar ereto e bem alinhado na fileira de cinco homens pode contar com um pontapé – e haverá algo pior para quem, pensando em se resguardar do frio, ousar cobrir de novo as orelhas com a boina, antes que a voz de comando o autorize. Prosseguimos na escuridão, aos tropeços, sobre as pedras e longas poças d'água na zona de acesso ao campo. Os guardas de escolta ficam berrando e nos espicaçam com a coronha de seus fuzis. Quem tem os pés muito feridos dá o braço ao seu companheiro ao lado, cujos pés doem um pouco menos. Mal e mal trocamos alguma palavra; o vento gelado antes de nascer o sol não o permite. Com a boca escondida atrás da gola da capa, o companheiro que marcha ao meu lado murmura de repente: "Se nossas esposas nos vissem agora...! Tomara que estejam passando melhor no campo de concentração em que estão. Espero que não tenham ideia do que estamos passando". E eis que aparece à minha frente a imagem de minha mulher.

Quando nada mais resta

Enquanto avançamos aos tropeços, quilômetros a fio, vadeando pela neve ou resvalando no gelo, constantemente nos apoiamos um no outro, erguendo-nos e arrastando-nos mutuamente. Nenhum de nós pronuncia uma palavra mais, mas sabemos neste momento que cada um só pensa em sua mulher. Vez por outra olho para o céu onde vão empalidecendo as estrelas, ou para aquela região no horizonte em que assoma a alvorada por trás de um lúgubre grupo de nuvens. Mas agora meu espírito está tomado daquela figura à qual ele se agarra com uma fantasia incrivelmente viva, que eu jamais conhecera antes na vida normal. Converso com minha esposa. Ouço-a responder, vejo-a sorrindo, vejo seu olhar como que a exigir e a animar ao mesmo tempo; e – tanto faz se é real ou não a sua presença – seu olhar agora brilha com mais intensidade que o sol que está nascendo. Um pensamento me sacode. É a primeira vez na vida que experimento a verdade daquilo que tantos pensadores ressaltaram como a quintessência da sabedoria, por tantos poetas cantada: a verdade de que o amor é, de certa forma, o bem último e supremo que pode ser alcançado pela existência humana. Compreendo agora o sentido das coisas últimas e extremas que podem ser expressas em pensamento, poesia – e em fé humana: a redenção pelo amor e no amor! Passo a compreender que a pessoa, mesmo que nada mais lhe reste neste mundo, pode tornar-se bem-aventurada – ainda que somente por alguns momentos – entregando-se interiormente à imagem da pessoa amada. Na pior situação exterior que se possa imaginar, numa situação em que a pessoa não pode realizar-se mediante alguma conquista, numa situação em que sua conquista pode consistir unicamente num sofrimento reto, num sofrimento de cabeça erguida, nessa situação a pessoa pode realizar-se na contemplação amorosa da imagem espiritual que ela porta dentro de si da pessoa amada. Pela primeira vez na vida entendo o que quer dizer: os anjos são bem-aventurados na perpétua contemplação, em amor, de uma glória infinita...

À minha frente, um companheiro cai por terra, e os que vão atrás dele também caem. Num instante o guarda está lá e usa seu chicote sobre eles. Por alguns segundos se interrompe minha vida contemplativa. Mas num abrir e fechar de olhos eleva-se novamente minha alma, salva-se mais uma vez do aquém, da existência prisioneira, para um além que retoma mais uma vez o diálogo com o ente querido: eu pergunto – ela responde; ela pergunta – eu respondo.

"Alto!" Chegamos ao local da obra. "Cada qual busque sua ferramenta! Cada um pegue uma picareta e uma pá!" E todos se precipitam para dentro do galpão completamente às escuras para arrebanhar uma pá jeitosa ou uma picareta mais firme. "Como é, não vão se apressar, seus cachorros imundos?" Dali a pouco estamos na vala, cada um em seu lugar da véspera. A picareta estilhaça o chão congelado, soltando até fagulhas. Nem mesmo os cérebros ainda degelaram, os companheiros continuam calados. Meu espírito ainda se apega à imagem da pessoa amada. Continuo falando com ela, e ela continua falando comigo. De repente me dou conta: nem sei se minha esposa ainda vive! Naquele momento, fico sabendo que o amor pouco tem a ver com a existência física de uma pessoa. Ele está ligado a tal ponto à essência espiritual da pessoa amada, a seu "ser assim" (nas palavras dos filósofos), que a sua "presença" e seu "estar-aqui-comigo" podem ser reais sem sua existência física em si e independentemente de seu estar com vida. Eu não sabia, nem poderia ou precisaria saber, se a pessoa amada estava viva. Durante todo o período do campo de concentração não se podia escrever nem receber cartas. Mas isso, naquele momento, de certa forma não tinha importância. As circunstâncias externas não conseguiam mais interferir no meu amor, na minha lembrança e na contemplação amorosa da imagem espiritual da pessoa amada. Se naquela ocasião tivesse sabido: minha esposa está morta – acho que esse conhecimento não teria perturbado meu enlevo interior naquela contemplação amorosa. O diálogo espiritual teria sido igualmente intenso e gratificante. Naquele momento, apercebo-me da verdade: “Põe-me como selo sobre o teu coração (...) porque o amor é forte como a morte” (Cantares 8.6).

Meditação na vala

Aquele que vive no campo de concentração e está disposto a voltar-se para seu interior tem outro recurso para escapar do vazio, da desolação e da pobreza espiritual de sua existência atual: o refúgio no passado. Absorta em si mesma, a fantasia da pessoa sempre volta a reviver experiências passadas. Mas o que ocupa o pensamento não são as grandes experiências, e, sim, muitas vezes, um fato corriqueiro, as coisas mais insignificantes de sua vida anterior. Na lembrança nostálgica, elas se apresentam sublimes ao prisioneiro. Distanciada da vida real e do presente, voltada para o passado, a vida interior recebe um cunho peculiar. O mundo e a vida lá fora estão muito distantes. O espírito tem saudade deles: a gente anda de bonde, chega em casa, abre a porta da frente, o telefone toca; a gente caminha para atender e acende a luz do quarto – são detalhes aparentemente irrisórios como esses que o prisioneiro gosta de lembrar. A doce recordação desses pormenores o comove até as lágrimas!

Essa tendência para a interiorização, ao manifestar-se em certos prisioneiros, possibilita a mais viva percepção da arte ou da natureza. A intensidade dessa experiência faz esquecer por completo o mundo que o cerca e todo o horror da situação. Certa vez, no transporte de prisioneiros de Auschwitz para o campo de concentração na Baviera, estávamos de novo olhando por entre as grades da abertura de um vagão. Quem tivesse visto nossos semblantes arrebatados, a contemplar as montanhas de Salzburgo, cujos picos resplandeciam as cores rubras do sol poente, jamais acreditaria tratar-se de rostos de pessoas que nada mais esperavam da vida. Mesmo assim (ou, quem sabe, justamente por isso?) eles estavam enlevados ante a beleza natural que não viam há anos. E mesmo dentro do campo, alguém chama a atenção do companheiro de trabalho para algum quadro deslumbrante que está ao alcance dos olhos, como certo dia em plena floresta bávara (onde nos puseram a construir gigantescas fábricas subterrâneas de armamento). Entre aqueles pinheiros altíssimos, o sol poente resplandece como na famosa aquarela de Dürer. Outra vez, à noitinha, estávamos estendidos no chão de terra do barracão, mortos de cansaço, o prato de sopa na mão, quando entrou um companheiro correndo e mandou-nos depressa para a área de chamada da turma, apesar de toda a nossa fadiga e do frio lá fora, só para não perdermos uma visão magnífica do por do sol. Vimos, então, o ocaso incandescente e tenebroso, com todo o horizonte tomado de nuvens multiformes e em constante transfiguração, de fantásticos perfis e cores sobrenaturais, desde o azul cobalto até o escarlate sangue, contrastando pouco mais abaixo com os desolados barracos cinzentos do campo de concentração e a lamacenta área onde é feita a chamada dos prisioneiros, em cujas poças ainda se refletia o céu incandescente. E alguém exclamou, após alguns minutos de silêncio, arrebatado: "O mundo poderia ser tão belo!"

Monólogo na madrugada

Estás na vala trabalhando. O crepúsculo que te envolve é cor-de-cinza, o céu é cinzento, cinzenta a neve no pálido lusco-fusco, os trapos dos teus companheiros são cinzentos, e também os semblantes deles são cor-de-cinza. Retomas outra vez o diálogo com o ente querido. Pela milésima vez lanças rumo ao sol teu lamento e tua interrogação. Buscas ardentemente uma resposta, queres saber o sentido do teu sofrimento e teu sacrifício – o sentido de tua morte lenta. Numa revolta última contra o desespero da morte à tua frente, sentes teu espírito irromper por entre o cinzento que te envolve, e nessa revolta derradeira sentes que teu espírito se alça acima deste mundo, desolado e sem sentido, e tuas indagações por um sentido último recebem, por fim, de algum lugar, um vitorioso e regozijante "sim". Nesse mesmo instante acende-se ao longe uma luz, na janela de uma distante moradia camponesa, postada feito bastidor à frente do horizonte, em meio à cinzenta e desolada madrugada bávara – *et lux in tenebris lucet,* e a luz resplandece nas trevas. Agora estiveste horas a fio picando o chão congelado, outra vez passou a sentinela e debochou um pouco de ti, e de novo recomeças o diálogo com teu ente querido. Tens cada vez mais o sentimento de que ela está presente. Sentes que ela está ali. Crês poder tocá-la, parece precisares apenas estender a mão para tomar sua mão. E com grande intensidade te invade o sentimento: Ela – está – aqui! Eis que no mesmo instante – o que é aquilo? –, sem que tenhas notado, acaba de pousar um passarinho à tua frente, sobre o torrão que acabaste de cavar, para te fitar atento e sereno...

Arte no campo de concentração

Falamos acima de arte. Arte no campo de concentração – será possível isso? Claro, depende do que se chama de arte. Vale dizer que vez por outra havia inclusive teatro improvisado. Desocupava-se provisoriamente um barracão, improvisavam-se alguns bancos de tábuas e elaborava-se um "programa". E à noite vêm aqueles que passavam relativamente bem no campo, como, por exemplo, os *capos* ou os trabalhadores internos que não precisavam marchar para o trabalho externo; eles vêm para rir ou chorar um pouco, em todo caso para esquecer. Apresentam-se algumas canções e recitam-se poemas, contam-se ou apresentam-se cenas cômicas, ou mesmo sátiras alusivas à vida no campo de concentração, tudo para ajudar a esquecer. E realmente ajuda! Ajuda a tal ponto que alguns prisioneiros comuns, não privilegiados, vêm para esse teatro, mesmo exaustos da labuta do dia, e mesmo perdendo por isso a distribuição da sopa.

Quem fosse privilegiado com uma voz realmente boa era alvo de inveja, e não pouca. Durante a meia hora de intervalo do meio-dia, nos primeiros tempos de nosso internamento no campo de concentração, era distribuída uma sopa no próprio local da obra (a sopa era providenciada pela firma construtora, que não tinha interesse em investir muito na mesma). Durante esse intervalo podíamos nos reunir na sala de máquinas, ainda em construção; na entrada cada um recebia uma concha de sopa rala. Enquanto a sorvíamos sequiosamente, um companheiro subia num tonel e cantava árias italianas. Enquanto para nós isso representava um deleite musical, ele tinha garantida uma ração dupla de sopa, "do fundo", ou seja, até com ervilhas.

No campo de concentração havia recompensa não somente para a arte, mas também para o aplauso. Embora acabasse não sendo necessário, eu ao menos pude contar com a proteção do mais temido chefe em todo o campo, por todos chamado de "chefe assassino", certamente por mais de uma razão. Por quê? Certa noite tive a incrível "honra" de ser convidado para aquele mesmo alojamento em que tivera lugar a sessão espírita acima descrita. Mais uma vez houve primeiro uma conversa informal numa reunião íntima do médico-chefe (prisioneiro ele mesmo), e mais uma vez a presença totalmente ilegal do suboficial de saúde. Entrando, por acaso, o *capo* assassino, pediram-lhe que apresentasse um de seus poemas, cuja fama já se espalhara por todo o campo. Não se fez de rogado e trouxe uma espécie de diário, passando a recitar alguns trechos de sua arte poética. Ao ouvir um de seus poemas de amor, tive que morder os lábios para não cair em gargalhadas, o que sem dúvida me salvou a vida. Além disso não poupei aplausos, o que decerto me salvaria a vida caso eu fizesse parte do seu comando de trabalho – esse fora o caso uma única vez e por um só dia, o que para mim já foi mais do que suficiente... Em todo caso, era conveniente o *capo* assassino ter boa lembrança da gente. Portanto, bati palmas o que pude, mesmo que um dos aspectos menos ridículos do poema de amor do chefe assassino consistisse em que "amor" constantemente rimava com "instintos" e "coração" com "dor"[2].

De um modo geral, toda a assim chamada atividade artística no campo de concentração naturalmente apresentava muitos aspectos grotescos. Eu diria, até, que a experiência propriamente dita daquilo que, de certa forma, está ligado à arte, provinha antes do tremendo contraste entre o que era apresentado e o pano de fundo da desolada vida no campo. Jamais esquecerei quando acordei do profundo sono de esgotamento na segunda noite em Auschwitz, despertado por – música. O chefe do bloco estava

---

[2] Em alemão: Liebe – Triebe; Herz – Schmerz (N. da R.).

comemorando alguma coisa em seu compartimento ao lado da entrada do barracão. Vozes embriagadas berravam canções populares. Repentinamente silêncio, e um violino chorava um tango de tristeza infinita, raramente tocado e ainda não gasto de tanto ouvir... Chorava o violino – dentro de mim algo chorava junto. É que aquele dia alguém fazia vinte e quatro anos, e esse alguém estava deitado em algum barracão do campo de Auschwitz, distante apenas algumas centenas ou milhares de metros dali – e mesmo assim fora de alcance. Esse alguém era minha esposa.

Humor no campo de concentração

Se a pessoa que está fora já pode se surpreender com o fato de o campo de concentração permitir algo como a experiência da arte ou da natureza, mais ainda se espantará se eu disser que ali também existia humor. Claro, somente um princípio de humor, e, mesmo assim, apenas por segundos ou minutos. Também o humor constitui uma arma da alma na luta por sua autopreservação. Afinal é sabido que dificilmente haverá algo na existência humana tão apto como o humor para criar distância e permitir que a pessoa se coloque acima da situação, mesmo que somente por alguns segundos.

Um amigo e colega com quem trabalhei lado a lado, por semanas a fio, no local da construção, foi por mim adestrado na prática do humor: propus-lhe o compromisso mútuo de inventarmos ao menos uma piada por dia, mais especialmente uma ocorrência que poderia ter lugar após a nossa libertação e volta para casa. Ele era cirurgião, tendo sido assistente em uma seção de cirurgia hospitalar. Assim, por exemplo, tentei fazê-lo sorrir, certa vez, descrevendo a dificuldade que ele teria, após a volta para casa e para o antigo campo de atividades, em perder os hábitos adquiridos no campo de concentração. Diga-se de antemão que, quando o chefe da obra se aproximava do local de nosso trabalho, para inspeção, o supervisor procurava acelerar o ritmo com o habitual "mexam-se, mexam-se!" O que contei a meu companheiro foi o seguinte: "Quando você estiver novamente na sala de operação realizando uma demorada cirurgia de estômago, o atendente da sala de operação vai entrar correndo e dizer 'mexam-se, mexam-se', para avisar que o chefe está chegando". Muitas vezes os próprios companheiros inventavam esse tipo de situação engraçada no futuro. Assim prediziam, por exemplo, que quando fossem convidados para um jantar em sociedade, poderia suceder que, distraídos, quando fosse servida a sopa, pediriam à senhora da casa – assim como pediam ao *capo* no intervalo do meio-dia – que ela lhes desse sopa "bem do fundo", para pescar algumas ervilhas ou meia batata.

A vontade de humor – a tentativa de enxergar as coisas numa perspectiva engraçada – constitui um truque útil para a arte de viver. A possibilidade de optar por viver a vida como uma arte, mesmo em pleno campo de concentração, é dada pelo fato de a vida ali ser muito rica em contrastes. E efeitos contrastantes, por sua vez, pressupõem certa relatividade de todo sofrimento. Em sentido figurado, se poderia dizer que o sofrimento do ser humano é como algo em estado gasoso. Assim como determinada quantidade de gás preenche um espaço oco sempre de modo uniforme e integral, não importando as dimensões desse espaço, o sofrimento, seja grande ou pequeno, ocupa toda a alma da pessoa humana, o consciente humano. Daí resulta que o "tamanho" do sofrimento humano é algo bem relativo; resulta, ainda, que algo quase insignificante pode proporcionar a maior das alegrias, como foi, por exemplo, na ocasião em que viajávamos de Auschwitz para um dos campos filiais em Dachau, na Baviera. Temíamos que o transporte fosse para Mauthausen. Nossa ansiedade crescia à medida que o trem se aproximava daquela ponte sobre o Danúbio pela qual, segundo diziam companheiros com anos de experiência em campos de concentração, ele teria que passar assim que se desviasse da linha principal, caso se dirigisse a Mauthausen. Quem ainda não passou por algo semelhante só acreditaria se pudesse ver os prisioneiros no vagão dançarem de alegria ao perceber que o transporte se dirigia "apenas" para Dachau.

E como foi depois, ao chegarmos ao campo sucursal em Dachau? Tínhamos viajado dois dias e três noites, e no chão do apertado vagão-cárcere não havia lugar para todos se assentarem.

A maioria teve que passar de pé a longa viagem, enquanto alguns poucos podiam acocorar-se por turnos sobre um pouco de palha, que estava molhada de urina. Em outras palavras: estávamos completamente esgotados ao chegar. A primeira informação importante, dada por prisioneiros internados há mais tempo lá, dizia que naquele campo relativamente pequeno (o número de prisioneiros nunca passou de dois mil e quinhentos) não havia "forno", isto é, ali não havia nenhum crematório nem, por conseguinte, câmara de gás, e isso significava que, no caso de alguém ficar "muçulmano", não poderia ser levado diretamente para o gás, mas apenas quando se organizasse o transporte de doentes para Auschwitz. Assim, o perigo de morte vindo dessa parte ao menos não era tão direto. A agradável surpresa por nos ter sido dado aquilo que nos desejara nosso chefe de bloco – ele nos recomendara sermos mandados o quanto antes para um campo que não tivesse "lareira" como em Auschwitz – essa agradável surpresa nos encheu de alegria. Ficamos tão bem humorados a ponto de nos entregar a gracejos e dar risadas, a despeito do que nos sobreveio nas horas seguintes. Acontece que, nas repetidas contagens dos prisioneiros recém-chegados com o nosso transporte, faltava um. Tivemos que ficar de pé no local de formatura, expostos à chuva e ao vento frio, até que fosse achado o homem. Foi encontrado num barracão, onde caíra em sono profundo, vencido pelo cansaço. Assim, a demorada formação para a contagem acabou virando uma ordem-unida de castigo. Durante a noite inteira e mais uma parte da manhã seguinte, tivemos que ficar de pé no local de formatura, encharcados e enregelados, e isso ainda depois de longa e penosa viagem! Mesmo assim, nosso estado de espírito era a maior das alegrias! Pois naquele campo não havia "lareira", e Auschwitz ficava longe...

Invejando presidiários

Ou como nos sentíamos quando víamos um grupo de presidiários passando pelo local de trabalho? Ali se revelava flagrantemente a relatividade de qualquer situação de sofrimento! Ocorre que invejávamos esses presidiários por sua vida relativamente regrada, relativamente assegurada, relativamente asseada! Era com melancolia que pensávamos: "Esses aí podem tomar banho regularmente, eles sem dúvida têm sua escova de dentes, sua escova de roupa, seu catre (cada um o seu), sua correspondência mensal". Eles sabiam onde estavam seus familiares, e, principalmente, que estavam com vida. Nós, entretanto, fazia muito que não gozávamos mais desses privilégios.

Ou como invejávamos até aqueles entre nós que tinham a grande chance de ir trabalhar numa fábrica em ambiente fechado, protegidos do frio e do tempo! Com quanta ansiedade cada um de nós esperava essa chance de salvar a vida! Mas a escala de felicidade relativa ainda vai além. Mesmo entre nós, que tínhamos que trabalhar em grupos de trabalho externo, podia ser que aquele destacado para um comando pior invejasse outro justamente por este não ter a infelicidade de ficar 12 horas por dia descarregando as vagonetas de uma linha rural, numa encosta íngreme, com o barro até os joelhos. Nesse comando ocorria a maior parte dos acidentes, que eram diários e muitas vezes fatais. Outros comandos tinham capatazes tão rigorosos e inclinados à violência contra os prisioneiros, que nos considerávamos relativamente felizes pelo fato de não pertencer a eles. Certa vez, por uma infeliz coincidência, caí num desses comandos de trabalho. Durante duas horas, o supervisor me maltratou constantemente, até que um alarme aéreo forçou a interrupção do serviço. Depois se tornou necessária uma nova distribuição do pessoal em grupos de trabalho. Não fosse isso, eu acabaria sendo transportado de volta para o campo de concentração sobre o trenó em que eram levados os companheiros já mortos ou prestes a morrer de esgotamento. Ouvir a sirene de alarme numa situação dessas é uma redenção que nem um pugilista, que já experimentou o que representa a batida do gongo, no final de um *round,* a salvá-lo do nocaute no último instante, pode imaginar.

Felicidade é ser poupado

Éramos gratos ao destino quando ele nos poupava de sustos, os mínimos que fossem. Já ficávamos contentes quando, à noite, podíamos catar os piolhos do corpo antes de nos deitar. Em si, não era uma operação agradável, porque era preciso despir-nos no barracão quase nunca aquecido, em cujo interior, muitas vezes, pendiam do teto estalactites de gelo. Mas nos dávamos por satisfeitos quando, em tal hora, não havia um alarme aéreo que causasse um blecaute e nos impedisse de completar a operação cata-piolho, o que significava metade da noite sem conseguir dormir. É claro que todas essas miseráveis "alegrias" do campo de concentração representavam, por excelência, uma felicidade no sentido negativo de Schopenhauer, ou seja, uma isenção de sofrimento, e mesmo essa, conforme mostramos acima, apenas em sentido muito relativo. Alegrias positivas, mesmo pequenas, tínhamos só raras vezes. Lembro-me muito bem que elaborei, certa vez, uma espécie de balanço do prazer, cujo saldo resultou em que, no curso de muitas e muitas semanas, tive apenas dois momentos de real contentamento. Foi quando, ao voltar do serviço para o campo, depois de longa espera em frente ao barracão de cozinha, fui destacado para aquela fila que dava no cozinheiro F., também prisioneiro. Tinha ele à sua frente um tacho enorme, de onde tirava a sopa para distribuí-la nas vasilhas que lhe estendiam os companheiros de trabalho enfileirados. Era ele o único cozinheiro que não olhava para a pessoa que lhe estendia o prato; era o único que distribuía a sopa por igual, literalmente "sem olhar a quem", sem dar preferência a seus amigos pessoais ou a seus conterrâneos, pescando para eles as batatas no fundo do tacho, para dar aos outros o caldo ralo "de cima"... – Mas não faz sentido criticar aqueles prisioneiros para quem a sua panelinha era tudo. Quem vai atirar a primeira pedra em pessoas que dão preferência a seus amigos quando, mais cedo ou mais tarde, se trata de uma questão de vida ou morte? Num caso desses, ninguém deveria levantar a pedra antes de se perguntar com sinceridade, à toda prova, se com certeza teria agido de outra forma, estando na mesma situação.

Muito tempo depois de ser libertado do campo de concentração e recomeçar uma vida normal, alguém me chama a atenção para uma fotografia reproduzida numa revista, mostrando prisioneiros num campo de concentração amontoados em seus beliches coletivos, a fitar de olhar vazio e observador. "Você não acha terrível isto, esses olhares horripilantes, e tudo o mais...?" – "Como assim?" pergunto eu – e de fato não consigo entender. Pois naquele instante surge um quadro dentro de mim. Cinco horas da manhã. Lá fora, noite escura ainda. Estou deitado sobre as duras tábuas de um galpão de chão batido, no qual cerca de setenta companheiros estão "em repouso", isto é, deram-nos baixa por estarmos doentes e não precisamos deixar o campo de concentração para marchar rumo ao trabalho. Não precisamos nem entrar em ordem-unida. Podemos ficar o dia inteiro deitados ou encostados em nosso apertado cantinho no barracão, devaneando, esperando pela distribuição, uma vez por dia, da ração de pão naturalmente reduzida para os doentes "em repouso", e pela distribuição, uma vez por dia, da ração da sopa ainda mais aguada e ainda mais reduzida para essa categoria. Mas estamos muito satisfeitos, sim, até felizes, apesar de tudo! Aconchegamos nossos corpos para evitar toda perda desnecessária de calor e estamos apáticos e lerdos demais para mexer um dedo sequer enquanto não for imprescindível, enquanto ouvimos lá fora estridentes apitos e brados de comando, do local de formatura onde acaba de chegar a turma de trabalho da noite. Abre-se a porta com ímpeto, a nevasca invade o barracão. Uma figura coberta de neve, um companheiro exausto entra cambaleando para descansar alguns minutos sobre uma tábua. Porém, o chefe do barracão o bota para fora, porque durante a formatura de chamada é estritamente proibido permitir a entrada no galpão de repouso a quem quer que seja que não tenha ali o seu lugar. Como tenho pena dele! Quão feliz estou, neste momento, por não estar na pele dele, mas "em repouso", podendo entregar-me a devaneios no meu galpão. Afinal era como salvar a vida, receber dois dias de repouso na enfermaria no setor de doentes e, além disso, ainda ganhar, de quebra, mais dois dias.

Ir para o setor de tifo exantemático?

Mas, daquela vez, ainda tive muito mais sorte. Ao passar o quarto dia "em repouso", constava que eu seria destacado para o turno da noite – o que para mim significava morte certa. Inesperadamente o médico-chefe precipitou-se para dentro do barracão e instou comigo para que me apresentasse voluntariamente para o serviço médico em outro setor, o de tifo exantemático. Contrariando os insistentes conselhos dos meus amigos e à diferença do comportamento calculista de quase todos os outros colegas de profissão não engajados, imediatamente resolvi apresentar-me. Eu sabia que num comando de trabalho eu me acabaria dentro de pouquíssimo tempo. Já que iria morrer, então eu queria que minha morte tivesse sentido. Alguma espécie de ajuda a meus companheiros enfermos, na qualidade de médico, sem dúvida me parecia ter mais sentido do que morrer como trabalhador braçal ineficiente que eu era então. Isso foi para mim um cálculo muito simples e, de modo algum, um sacrifício heroico. Ocorre, porém, que o suboficial de saúde havia determinado em segredo que os dois médicos que se apresentassem voluntariamente para o campo de febre exantemática poderiam ficar em repouso até ser levados para lá. Com efeito, estávamos tão acabados que, não tomasse ele essa medida, o que teria à disposição não seriam alguns médicos, e sim alguns cadáveres.

Tudo isso me veio à memória quando me mostraram aquela foto de um campo de concentração. E passei a contar tudo isso até me entenderem; também disse que nem era tão horrível o que se apresentava naquela foto, e que eu poderia imaginar até muito bem que aquela gente não estava se sentindo tão infeliz.

Falamos no início da grande desvalorização que elimina – com poucas exceções – tudo aquilo que nada tem a ver diretamente com a preservação da vida da própria pessoa bem como daquelas que em seu íntimo lhe são próximas. A própria pessoa, entretanto, não escapa dessa desvalorização. Até ela é incluída no turbilhão espiritual que parece arrastar todos os valores para um abismo de ambiguidade. Sob a sugestão de um ambiente que há muito deixou de dar o menor valor à vida humana ou à dignidade das pessoas, mas que faz de pessoas objetos destituídos de vontade, peças de uma política de exterminação, que é adiada apenas para a exploração dos últimos restos de capacidade física de trabalho – exposto a essa sugestão generalizada, o próprio eu só pode mesmo acabar desvalorizado. A pessoa que estiver no campo de concentração e não resistir a essa sugestão com um impulso último do sentimento de valor próprio acaba perdendo a sensação de ser ainda um sujeito, ou sequer um ente espiritual dotado de liberdade interior e valor pessoal. Ela experimenta a si mesma somente como partícula de uma massa enorme, e sua existência se reduz ao nível de existência num rebanho. Sem poder pensar nem querer, as pessoas ali ora são tocadas para cá, ora para lá, ora são ajuntadas, ora dispersas, como rebanho de ovelhas. A tua direita e à tua esquerda, à frente e atrás espreita pequena, porém armada, requintada e sádica matilha que não para de te tocar para frente ou para trás, aos berros, pontapés e coronhadas. Sentíamo-nos feito ovelhas num rebanho, que somente sabem, pensam e querem uma coisa: escapar aos ataques dos cães e, num momento de paz, poder comer um pouco. Como ovelhas que procuram temerosamente enfiar-se para o meio do rebanho amontoado, cada um de nós tentava postar-se no centro da fileira de cinco homens e, se possível, também no meio de todo o grupo, para assim ter as melhores chances de escapar aos golpes dos guardas que marchavam ao lado da coluna, à sua frente e na retaguarda. Essa posição no meio apresentava ainda uma vantagem nada desprezível, ou seja, a da proteção contra o vento.

Quando a pessoa que está no campo de concentração procura submergir completamente na massa, ela não está sendo apenas condicionada pela sugestão, mas trata-se ainda de uma tentativa de autopreservação em vários sentidos. "Submergir" em fileiras de cinco é algo que o prisioneiro cedo já faz mecanicamente; conscientemente, no entanto, ele procura submergir "na massa" para fazer jus a um dos supremos mandamentos da autopreservação no campo: não chamar a atenção da SS sobre si nem no mais insignificante detalhe!

Ânsia por solidão

Naturalmente existem ocasiões em que é necessário e também possível distanciar-se da massa. É fato notório que a companhia ininterrupta de tantos parceiros de sofrimento, à toda hora, em todos os atos triviais do cotidiano, cria muitas vezes uma ânsia irresistível de escapar dessa permanente comunhão compulsória, ao menos por algum tempo. A gente é tomado pelo desejo profundo de ficar sozinho consigo mesmo e com os próprios pensamentos, pela saudade de um lugar de recolhimento e solidão.

Eu já me encontrava em outro campo na Baviera, num assim chamado campo de repouso, no qual pude então finalmente trabalhar como médico durante uma grande epidemia de tifo exantemático. Durante certo período tive ali a felicidade de poder retirar-me para a tão almejada solidão, ao menos por alguns minutos. Atrás do galpão de enfermos, um barracão de chão batido em que se amontoavam cerca de cinquenta companheiros com febre alta, delirantes, havia um cantinho sossegado, onde a cerca dupla de arame farpado que circunda o campo formava uma esquina. Ali tinham improvisado com algumas estacas e galhos uma espécie de barraca na qual se jogava a meia dúzia de cadáveres "produzidos" diariamente em nosso campo – que era considerado pequeno! Havia ali no chão uma abertura de acesso à canalização subterrânea, fechada com tampa de madeira. Nesta eu me sentava, sempre que me podiam dispensar por alguns minutos como médico no galpão. Aninhado ali, eu contemplava – por entre a vinheta obrigatória do arame farpado – os vastos campos verdejantes e floridos, as distantes colinas azuis da paisagem bávara. Ali eu sonhava os sonhos de minha saudade e enviava meus pensamentos para bem longe, para o norte e nordeste, onde supunha pessoas amadas. Agora, porém, somente enxergava ali nuvens de perfil estranho e bizarro. Atirados a meu lado, os cadáveres cheios de piolhos não chegavam a me perturbar. Arrancavam-me dos meus sonhos apenas os passos do vigia a patrulhar periodicamente a cerca de arame farpado, ou talvez um chamado do galpão a me mandar para a enfermaria central a fim de receber medicamentos recém-chegados para a minha estação de quarentena: cinco ou dez comprimidos de um sucedâneo de Aspirina, ou Cardiazol, para tratar cinquenta pacientes durante vários dias. Ia buscá-los e fazia então a "visitação", de companheiro a companheiro, sentindo-lhes o pulso e dando meio comprimido nos casos graves. Mas os casos extremos não recebiam medicação nenhuma; ela ficava reservada para aqueles que ainda tinham chances de cura. Aos casos mais leves eu nada podia dar, a não ser talvez uma palavra de apoio. Assim eu me arrastava de um companheiro até outro, debilitado e desgastado fisicamente ao extremo, uma vez que eu mesmo havia pouco estivera gravemente enfermo de tifo exantemático. Em seguida, retirava-me novamente para um momento de solidão e me assentava mais uma vez sobre a tampa de madeira do hidrante subterrâneo.

Essa, aliás, certa vez, salvou a vida de três companheiros. Pouco antes da libertação, houve transportes em massa (alegava-se, para Dachau), dos quais três companheiros meus, precavidamente, quiseram se safar. Entraram por aquela abertura e ali se esconderam da guarda do campo, que esquadrinhava todo o terreno. Naqueles minutos de ansiedade, eu mesmo, aparentando serenidade exterior, fiquei sentado sobre a tampa da abertura, diligentemente ignorando os guardas a procurar desconfiados. Parece que, num primeiro momento, tiveram suspeitas e queriam levantar a tampa. Mudaram, porém, de ideia e passaram por mim, sentado ali a olhar inocente e tranquilo, atirando pedrinhas na cerca, fingindo ares de quem não quer nada com nada. Um guarda, que me viu daquele jeito, hesitou por um segundo, mas foi só. Desarmado que foi em sua suspeita pelo quadro que se lhe apresentava, continuou sua busca. Logo pude avisar aos três companheiros lá no fundo que já passara o maior dos perigos.

Joguete do destino

Quem não vivenciou pessoalmente a situação reinante num campo de concentração não faz a menor ideia da radical insignificância a que se reduz o valor da vida do indivíduo ali internado. A pessoa com isso perde a sensibilidade, e no máximo ainda se dava conta desse desprezo pela existência de indivíduos humanos quando se organizavam transportes de enfermos. Os destinados para o transporte, aqueles corpos consumidos, eram simplesmente jogados em cima de carretas de duas rodas, puxadas então pelos próprios prisioneiros, quilômetros a fio, em plena nevasca. Se alguém já estava morto, tinha que ir junto assim mesmo. A lista tinha que conferir! A lista é o principal, a pessoa somente importa na medida em que tem um número de prisioneiro, representando literalmente apenas um número. Viva ou morta – não vem ao caso. A "vida" do "número" é irrelevante. O que está por trás desse número, o que representa essa vida, é menos importante ainda: o destino – a história – o nome de uma pessoa. Por exemplo, naquele transporte de doentes em que, na qualidade de médico, fui transferido de um campo bávaro para outro, havia um jovem companheiro que teria de deixar para trás seu irmão, porque esse não estava na lista. Ficou pedinchando junto ao chefe do campo até que esse resolveu trocar um que estava na lista, mas queria cair fora no último instante, pelo tão amado irmão. Mas a lista precisava ser cumprida! Nada mais fácil: o irmão simplesmente adotou o número de prisioneiro, nome e sobrenome do companheiro que ficaria em seu lugar, e vice-versa; pois, como já mencionamos, todos no campo de concentração há muito já não mais possuíam seus documentos, e cada um se dava por feliz quando podia considerar propriamente seu nada mais que este seu organismo ainda a respirar, apesar de tudo. O resto, o que ainda pendia sobre a esquálida pele desses semiesqueletos em farrapos, só interessava aos que ficavam para trás. Com olho clínico e indisfarçada curiosidade, eram vistoriados os "muçulmanos" destacados para o transporte, a fim de verificar se seus sapatos e suas capas não estavam ainda em estado um pouco melhor que os próprios. Afinal de contas, o seu destino estava selado. Entretanto, para aqueles que podiam ficar e tinham relativas condições de trabalhar, valia tudo o que servisse para aumentar sua chance de sobrevivência. Sentimentais é que não eram...

A perda da sensação de ainda ser sujeito humano é agravada pelo fato de a pessoa no campo de concentração experimentar-se a si mesma não só como mero objeto do arbítrio da guarda, mas também como objeto e joguete do destino. Eu sempre fora da opinião e costumava dizer que, apenas passados cinco ou dez anos, é que a pessoa saberia dizer para que foi útil determinado fato em sua vida. O campo de concentração ensinou-me algo diferente. Muitas vezes já ficamos sabendo cinco ou dez minutos depois para que algo foi bom. Já em Auschwitz estabeleci um princípio para mim mesmo cuja validade se revelaria muito cedo e o qual, a seguir, foi também acolhido pela maioria dos meus companheiros. Quando me perguntavam alguma coisa, eu dava uma resposta verdadeira, de modo geral. Mas sobre aquilo que não era objeto de pergunta, eu me calava. Se alguém perguntava por minha profissão, eu lhe respondia "médico", mas não fazia menção de ser especialista, a não ser que perguntassem por minha especialidade. Durante a primeira manhã em Auschwitz, um oficial da SS se fez presente na hora de entrarmos em forma para a chamada. Os companheiros com menos de quarenta anos deviam postar-se de um lado, os acima de quarenta, de outro; metalúrgicos, mecânicos de automóvel etc., por seu turno, deviam entrar numa formação à parte. Em seguida, tivemos que baixar as calças para exame de hérnia, sendo que desta vez outros companheiros foram separados. Um grupo foi tocado para outro barracão, onde devia entrar em forma mais uma vez. Fui junto. Mais uma vez fomos selecionados, e eu, por exemplo, depois de ter respondido às perguntas "Profissão? Idade?" de forma rápida e enérgica, fui destacado para um pequeno grupo à parte. E também esse grupo foi tocado para outro barracão, onde logo fomos mais uma vez reagrupados. E assim por diante, até que afinal já me sentia muito decepcionado ao me ver lançado entre pessoas estranhas, todas elas estrangeiras e falando línguas que eu não conhecia. Nisso foi feita uma última seleção, sendo eu tocado com os escolhidos para um último barracão. Eis que me vejo com meus velhos companheiros, entre meus conterrâneos e colegas, naquele barracão do qual saíra originalmente! E nem tinham percebido que entrementes eu fora tocado para lá e para cá. Eu, entretanto, imaginei de quantas sinas possíveis eu escapara no espaço de poucos minutos...

Ao se organizar o mencionado transporte de enfermos para um "campo de repouso", incluíram meu número na lista: estavam precisando de alguns médicos. Mas ninguém acreditava que o transporte seguisse realmente para um campo de repouso. Afinal, ninguém mais era ingênuo. Aquele mesmo transporte já estivera previsto para algumas semanas antes, e já então ninguém acreditara que fosse para um campo de repouso, mas sim para a câmara de gás. Repentinamente foi dado um aviso: quem quisesse, poderia ser riscado da lista dos enfermos em repouso, caso se apresentasse voluntariamente para trabalhar no (mui temido) turno da noite. Oitenta e dois companheiros se apresentaram sem pestanejar. Quinze minutos depois ouvia-se o anúncio: Transporte cancelado. Aqueles 82, no entanto, não mais escaparam da lista para o turno da noite! Para a maioria deles o trabalho noturno significou a morte dentro dos próximos 14 dias.

Último desejo – decorado

Pela segunda vez era organizado o transporte para o campo de repouso. Agora ninguém mais sabia se era ou não uma finta para extrair dos enfermos o último resto de força para trabalhar, mesmo que só por 14 dias. Ou seriam as câmaras de gás o destino? Ou, quem sabe, de fato o campo de repouso? O médico-chefe se dava bem comigo. Às quinze para as dez da noite, ele me segredou: "Avisei no escritório que você ainda pode ser riscado da lista. Você pode fazê-lo até às dez horas da noite". Dou-lhe a entender que isso não é do meu feitio, que aprendi a seguir o caminho reto ou – como se queira – deixar o destino ir em frente. "Vou ficar com meus companheiros doentes", é o que lhe digo. Percebo seu olhar penalizado, como se tivesse um pressentimento... Sem dizer uma palavra, ele me estende a mão, como se fosse uma despedida, não por toda a vida, e sim da minha vida... Saio. A passos lentos volto para o meu barracão. Um bom amigo está sentado no meu lugar. "Você vai mesmo?" "Sim, vou." Seus olhos se enchem de lágrimas. Procuro consolá-lo. Mas preciso fazer outra coisa: meu testamento oral... – "Cuide bem, Otto, se eu não voltar para casa, para minha mulher, e se você voltar a vê-la... diga a ela o seguinte, cuide bem: em primeiro lugar, que falei dela todos os dias e a cada instante – você lembra? Segundo, jamais amei alguém tanto quanto a ela. Terceiro, ser casado com ela tão pouco tempo, essa felicidade compensou tudo, inclusive o que tivemos que passar aqui..." – Otto, onde estás agora? Vives ainda? Que aconteceu contigo desde aquele último momento em que estivemos juntos? Reencontraste tua esposa? Lembras-te ainda como te obriguei, apesar de teu choro infantil, a decorar meu testamento oral, palavra por palavra?

Na manhã seguinte, parti com o transporte. Desta vez não foi nenhuma finta nem truque. Esse transporte também não seguiu para as câmaras de gás, mas realmente para um campo de repouso. E aqueles que tiveram tanta pena de mim ficaram no campo de antes, onde então a fome grassou com muito mais violência que em nosso novo campo. Acharam estar se salvando, mas ficaram em maior desgraça. Meses depois, já após a libertação, encontrei novamente aquele companheiro do campo anterior, o qual, na qualidade de "policial", havia confiscado de uma panela o pedaço de carne que faltou naqueles dias num depósito de cadáveres daquele campo... É que ali irrompera o canibalismo, mas desse inferno eu havia escapado em tempo.

Isso me lembra de uma velha história da morte em Teerã. Estava um persa rico e poderoso passeando, certa vez, pelo parque de sua casa, em companhia de seu criado. Este se põe a lamentar que acabou de ver a morte ameaçando levá-lo. O criado implora a seu amo que lhe dê o cavalo mais rápido para se pôr imediatamente a caminho e fugir rumo a Teerã, onde ele queria chegar naquela mesma noite. O amo lhe dá o cavalo, e o criado parte a galope. Caminhando de volta para casa, o próprio amo se depara com a morte e passa a interrogá-la: "Por que assustaste meu criado desta forma, por que o ameaçaste?" Responde-lhe a morte: "Ora, não o ameacei! Nem quis assustá-lo. Apenas me admirei, surpresa com o fato de vê-lo aqui, pois devo encontrá-lo em Teerã ainda hoje à noite!"

Plano de fuga

O sentimento predominante de ser mero joguete, o princípio de não assumir o papel do destino, mas de deixar ao destino o seu livre curso, tudo isso e ainda a profunda apatia que se apodera da pessoa no campo de concentração são fatores que se explicam porque ela evita qualquer tipo de iniciativa e teme tomar decisões. A vida no campo de concentração apresenta situações que exigem decisões súbitas e imediatas, e que muitas vezes representam decisões sobre o ser ou não ser. O prisioneiro então prefere que o destino o livre da obrigação de se decidir.

Essa fuga ante a decisão pode ser muito bem observada quando o prisioneiro precisa decidir se foge ou não. Naqueles minutos (e a cada vez somente podem ser poucos os minutos nos quais precisa tomar a decisão), ele passa por horrível tortura interior: Será que tento fugir, ou não? Devo assumir o risco, ou não? Eu mesmo também experimentei esse purgatório de tensão interior ao surgir uma oportunidade de fuga poucos dias antes de aproximar-se a frente de combate. Um companheiro que precisava prestar serviços médicos em barracões situados fora do campo era a favor da fuga. Ele insistia em fugir comigo. A pretexto de uma consulta conjunta para um não prisioneiro, para a qual ele alegou necessitar-me urgentemente como especialista, demos um jeito de sair do campo. Lá fora um membro secreto de uma organização de resistência estrangeira nos forneceria uniformes e papéis falsos. No último momento, entretanto, surgiram dificuldades de ordem técnica, e tivemos que voltar para o campo. Aproveitamos a oportunidade para apanhar algumas batatas meio podres, como provisão para o caminho, e principalmente precisávamos arranjar uma mochila para cada um. Para esse fim penetramos num barracão vazio do campo de mulheres, que acabara de ser evacuado, tendo elas sido levadas para outro campo. Um caos inimaginável se nos apresentou nesse barracão. Estava tudo numa grande bagunça, e se podia ver claramente que muitas mulheres haviam fugido. Trapos e palha, restos estragados de comida e louça quebrada. Mas preferimos não levar nem mesmo tigelas em bom estado, que, em regra, eram consideradas objetos de alto valor no campo de concentração. Sabíamos bem que ultimamente, quando passaram a reinar as piores condições possíveis no campo de concentração, essas tigelas de sopa costumavam ser usadas não só para a mesa, mas também como lavatórios e urinóis. (Era rigorosamente proibido ter no barracão qualquer vasilha para as necessidades fisiológicas; entretanto essa proibição foi simplesmente ignorada por todos aqueles que, durante a epidemia de tifo exantemático, estavam prostrados com febre alta e que nem com auxílio de outros podiam ser levados à noite para a latrina, dada a sua grande debilidade física.) Enquanto fico de guarda lá fora, meu colega penetra sorrateiramente no abandonado barracão de mulheres. Pouco depois ele sai, todo contente, mostrando disfarçadamente, porém com muito orgulho, a mochila que traz escondida debaixo da capa. Diz que ainda viu outra lá dentro e que devo buscá-la para mim. Ele fica de guarda, e eu entro no barracão. Ao vasculhar os montes de objetos desordenados, encontro, para minha grande alegria e surpresa, ainda antes de dar com a outra mochila, uma velha escova de dentes; nisto, vejo, em meio aos objetos evidentemente deixados para trás na precipitação da fuga, um cadáver de mulher...

Volto apressado para o meu barracão a fim de apanhar todos os meus pertences; minha tigela de sopa, algumas luvas esfarrapadas que "herdei" de um paciente falecido naquele barracão de tifo exantemático, e algumas dezenas de papeizinhos nos quais eu passara a reconstruir com anotações estenográficas o meu manuscrito científico perdido em Auschwitz. Às pressas ainda faço uma visitação e percorro pela última vez a ala direita e depois a esquerda de pacientes deitados sobre tábuas podres, apertados um contra o outro, de ambos os lados do corredor e no meio do barracão. Chego ao único conterrâneo meu, que jaz ali às portas da morte. Salvá-lo, apesar do seu estado muito crítico, tinha sido para mim uma questão de honra. É claro que tenho que manter em segredo o meu plano de fuga. Mesmo assim o meu companheiro parece suspeitar de alguma coisa. É possível que eu estivesse um pouco nervoso. Em todo caso, ele me pergunta com voz muito débil: "Você também vai cair fora?" Digo que não. Mas não consigo mais afastar-me dele, do seu olhar. Após a visitação, volto para ele. E mais uma vez se fixa em mim aquele olhar sem esperança – e de alguma forma o sinto como repreensão. Cada vez mais cresce aquele sentimento incômodo que se apoderou de mim a partir do momento em que concordei em fugir com meu colega – procedendo contra o meu velho princípio de não assumir o papel do destino. De repente saio do barracão rumo à enfermaria para avisar o meu colega que não posso ir. Nem bem lhe declarara que não podia mais contar comigo, mal tomara eu a decisão de continuar com os pacientes como antes, deixei de sentir, de um momento para o outro, aquela intranquilidade! Fico sem saber o que virá nos dias seguintes; interiormente, porém, sereno como nunca, a passo firme, volto para o meu barracão de tifo exantemático, sento-me sobre as tábuas, aos pés do meu conterrâneo, procuro consolá-lo e fico batendo papo com os outros companheiros, tranquilizando-os.

Chegou então o último dia em nosso campo de concentração. Quase todos os internados haviam sido levados em transportes maciços para outros campos, visto que se aproximava a frente de combate. Os graúdos do campo, os *capos* e os cozinheiros haviam fugido. Foi dado o aviso de que, à noite, o campo teria que ser completamente evacuado, incluindo os últimos prisioneiros que restavam – que eram, sem exceção, doentes e alguns poucos médicos e "enfermeiros". Constava ainda da comunicação que, à noite, o campo seria incendiado. Acontece, porém, que, à tarde ainda não haviam chegado os caminhões que deveriam buscar os doentes. Súbito, trancaram hermeticamente a saída do campo e passaram a vigiar rigorosamente a cerca de arame farpado, de modo que ninguém mais pudesse cruzá-la em algum ponto já meio "preparado". A situação tornou-se inquietante. Aparentemente queriam incendiar o campo com os prisioneiros restantes lá dentro. Pela segunda vez o meu colega e eu resolvemos fugir.

Existem três cadáveres para enterrar fora da cerca. Recebemos a incumbência de fazê-lo. É que, fora nós dois, não há mais ninguém naquele campo que tenha forças para isso. Quase todos jazem prostrados, com febre alta e delírio, nos poucos barracões ainda ocupados. Então tomamos a decisão: com o primeiro cadáver contrabandeamos a mochila do companheiro, dentro da velha tina usada como maca e caixão. Com o segundo cadáver, levamos minha mochila. Com o terceiro corpo, nós mesmos fugimos. Conseguimos executar bem o nosso plano – até o segundo cadáver. Mas antes de levar o terceiro tenho de esperar. Meu colega avisou que tentaria arranjar algum pedaço de pão para comermos nos dias seguintes na floresta. Fico esperando. Passam-se os minutos, cresce minha impaciência – e ele continua não aparecendo. Logo agora, quando eu já estava antegozando a liberdade, pela primeira vez, depois de três anos, iríamos ao encontro da frente de batalha... Somente mais tarde saberíamos que risco enorme tinha sido esse encontro. Aí, no instante em que meu colega finalmente aparece correndo, abre-se o portão de entrada do campo, e lentamente avança um magnífico automóvel cor-de-alumínio, ostentando grandes cruzes vermelhas, indo em direção da área de formatura dos prisioneiros. Chega o delegado da Cruz Vermelha Internacional de Genebra para tomar sob sua proteção o campo e os seus últimos reclusos. Quem ainda pensaria em fugir? Do interior do carro saem caixas de remédios, cigarros são distribuídos, somos fotografados e a alegria é geral. Agora já não precisamos correr o risco de tentar atravessar as frentes de combate.

O delegado hospeda-se na casa de um agricultor, próximo ao campo, pois quer estar disponível à noite, para qualquer caso. Naquele primeiro arroubo de alegria tínhamos esquecido completamente o terceiro cadáver. Agora o levamos para fora e o deixamos rolar para dentro da estreita sepultura que lhe cavamos. O guarda que nos acompanha e supervisiona, de uma hora para outra, é a amabilidade em pessoa. Ele começa a perceber que as coisas agora podem tomar outro rumo e procura contato conosco. Em todo caso, ele toma parte na breve oração que pronunciamos antes de fazer cair a terra sobre o cadáver. Após aquela nossa tensão interior e o nervosismo dos últimos dias e horas, nessa reta final em nossa corrida contra a morte, as palavras com que suplicamos paz na nossa oração devem ter sido das mais ardentes que um ser humano jamais pronunciou.

Assim passa este dia, o último em nosso campo, na vivência de uma liberdade interiormente antecipada. Porém, a nossa expectativa falhou num ponto. Apesar de o representante da Cruz Vermelha afirmar, com base numa convenção, que o campo não poderia mais ser evacuado, e a despeito da sua presença no lugarejo próximo, à noite, chegam caminhões com integrantes da SS dando a ordem de desocupar o campo imediatamente. Dão-nos a entender que os últimos prisioneiros restantes devem ser transportados para um campo central, de onde, dentro de 48 horas, seriam levados para a Suíça e trocados por prisioneiros de guerra.

O pessoal da SS está irreconhecível, tal a amabilidade com que insistem para que subamos sem medo nos caminhões e nos alegremos com a chance que nos seria dada. Quem ainda tem forças já corre para os caminhões. Com muito sacrifício, os gravemente enfermos e totalmente enfraquecidos são erguidos para a plataforma da viatura. Meu colega e eu já não escondemos nossas mochilas e nos colocamos de pé, prontos a ser incluídos entre as 13 pessoas a serem levadas pelo penúltimo caminhão. O médico-chefe é que faz a distribuição. Estamos ali de pé, e somos 15 pessoas. Ao contar os 13 que irão, ele nos deixa fora. Os 13 são postos no caminhão, enquanto nós dois que ficamos para trás, surpresos, decepcionados e indignados ao partir a penúltima leva, nos queixamos ao médico-chefe. Ele se desculpa alegando estar exausto e distraído; por engano ele teria achado que ainda pensávamos em fugir. Tomados de impaciência, sentamo-nos novamente, mas de mochila às costas, e com os prisioneiros restantes ficamos esperando o último caminhão. A espera é muito longa. Deitamo-nos sobre os catres desocupados da enfermaria, completamente desgastados que estamos pela “guerra de nervos” das últimas horas e dias, pelas esperanças despertadas a se alterar sucessivamente com desilusão, pelo vaivém entre alegria imensa e tristeza mortal. Estamos "prontos" para a viagem, adormecemos sem tirar roupa nem sapatos. Acordamos com o barulho de tiros de canhão e fuzil, o clarão de foguetes sinalizadores, o sibilo de balas atravessando até as paredes do barracão. O médico-chefe entra correndo e nos manda buscar cobertura no chão. Do beliche acima de mim o companheiro pula com os sapatos em cima da minha barriga. Agora, sim, estou bem acordado. Logo sabemos o que está havendo: chegou a frente de combate! O tiroteio vai diminuindo até parar por completo. A noite cede ao crepúsculo. Lá fora, o mastro no portão principal do campo ostenta uma bandeira branca. Apenas semanas mais tarde é que nós, o reduzido e último grupo daquele campo, ficamos sabendo que até mesmo naquelas horas derradeiras o "destino" nos fizera mais uma vez de joguete; experimentamos a ambiguidade de toda decisão, ainda mais quando justamente vida ou morte estão em jogo. Quanto àqueles que naquela última noite julgaram que os caminhões os levariam rumo à liberdade, tivemos que pensar mais uma vez naquele conto que fala da morte em Teerã. Semanas mais tarde tive diante de mim fotografias tiradas num pequeno campo não muito distante do nosso, para onde haviam levado os meus pacientes; trancaram-nos em barracões, que foram incendiados. As fotografias mostravam os cadáveres semicarbonizados.

Irritabilidade

Até aqui descrevemos a apatia, a dessensibilização do íntimo, que toma conta do prisioneiro durante sua estada no campo de concentração, fazendo sua vida psíquica baixar, de modo geral, a um nível mais primitivo, tornando-o objeto do destino ou do arbítrio dos guardas, destituído de vontade, tanto que ele acaba cheio de medo de tomar nas mãos seu destino, ou seja, de enfrentar decisões. A apatia tem ainda outras causas e não pode ser entendida apenas como mecanismo de autodefesa da alma, no sentido mencionado. Há também causas de natureza fisiológica. É o que vale também para a irritabilidade, a qual, além da apatia, representa uma das mais eminentes características da psique do prisioneiro. Entre as causas fisiológicas estão, em primeiro lugar, a fome e a falta de sono. Como qualquer um sabe, mesmo na vida normal, ambos os fatores tornam a pessoa apática e irritadiça. No campo de concentração, o sono insuficiente deve-se em parte aos insetos parasitas a proliferar livremente na mais inconcebível falta de higiene e à inimaginável concentração de pessoas nos barracões.

Existe ainda outro fator a contribuir para a apatia e a irritabilidade que é a ausência daqueles tóxicos da civilização que normalmente servem para atenuá-las, isto é, a nicotina e a cafeína. Aumenta, assim, a propensão para a apatia e a irritabilidade. Além das causas fisiológicas, existem ainda origens psicológicas desse peculiar estado de espírito dos prisioneiros. Trata-se de certos "complexos". É compreensível que a maioria dos prisioneiros seja atormentada por uma espécie de sentimento de inferioridade. Antes, cada um de nós havia sido "alguém", ou ao menos julgava sê-lo. Agora, no entanto, é tratado literalmente como se fosse um ninguém. (Não há dúvida de que o amor-próprio, quando ancorado em áreas mais profundas, espirituais, não pode ser abalado pela situação do campo de concentração; mas quantas pessoas, quantos prisioneiros possuirão um sentimento de autoestima tão bem firmado?) Mesmo sem refletir muito sobre isso, sem que se conscientize disso, é natural que o prisioneiro mediano se sinta totalmente rebaixado. Na verdade, essa experiência somente se fazia sentir diante do contraste evidenciado na peculiar estrutura sociológica do campo de concentração. Refiro-me àquela minoria de prisioneiros que passava, a bem dizer, por gente importante, os *capos* e cozinheiros, os chefes de depósito e os "policiais" do campo. Em todos eles havia uma compensação do sentimento primitivo de inferioridade. É que esses não se sentiam rebaixados de maneira alguma, como "a maioria" dos prisioneiros comuns, mas sentiam-se como arrivistas. Alguns desenvolviam até um delírio de César em miniatura. A reação psíquica da maioria, ressentida e invejosa, ao comportamento daquela minoria se manifestava de diversas formas, às vezes também em piadas maldosas. Assim, por exemplo, um prisioneiro diz a outro, referindo-se a um terceiro, que é um desses "arrivistas". "Esse aí eu conheci quando era apenas presidente do maior banco de... Agora ele se promoveu a *capo.*"

Sempre que essa maioria dos rebaixados e a minoria dos arrivistas entravam em conflito, explodia a irritação, que logo chegava ao auge. Para esses encontros conflitivos havia oportunidades mais que suficientes na vida do campo de concentração, a começar pela distribuição de comida. Aquela irritabilidade, de cujas origens fisiológicas diversas falamos acima, acaba por se potenciar com o acréscimo das causas psicológicas constituídas pelos complexos carregados de sentimentos de todos os envolvidos. Já não causa surpresa que o acúmulo assim originado acabe em pancadaria entre os prisioneiros. Aquele reflexo que, a partir de uma sensação de raiva, extravasa-se no golpe físico, já está basicamente precondicionado pelos frequentes espancamentos que o recluso testemunha a cada instante. Eu mesmo passei repetidas vezes pela experiência de sentir a mão "solta", prestes a perder o controle quando, faminto e tresnoitado, era acometido de raiva súbita. Entre outras razões, eu estava tresnoitado porque, durante determinado período, pudemos fazer fogo para aquecer o nosso barracão de chão batido que servia de galpão de tifo, e precisávamos cuidar que não apagasse o fogo no fogareiro durante a noite. Aqueles entre nós que ainda estavam em condições relativamente boas eram obrigados a participar de um serviço noturno destinado a atender ao fogão. Apesar de tudo, foram horas das mais difíceis as que vivi quando, em plena noite, enquanto os outros dormiam ou deliravam de febre, eu me estirava no chão batido frente ao pequeno fogão do barracão, cuidando do fogo naquelas horas do meu turno, assando umas batatas furtadas nas brasas do carvão igualmente furtado... Porém, tanto mais tresnoitado, apático e irritadiço a gente se sentia no outro dia. Na época, eu trabalhava como médico, no setor de tifo, pouco antes da nossa libertação, e tinha que substituir ainda o chefe de bloco, que estava doente. Consequentemente, eu era responsável, perante a administração do campo, pela higiene no barracão – na medida em que se podia manter qualquer higiene dentro daquelas circunstâncias. A pretensa inspeção periódica do barracão tinha por objetivo não verificar as condições higiênicas, mas sim nos torturar. Mais alimento ou um pouco de medicamento teriam dado efeito – mas o que lhes importava era, apenas, que não houvesse uma palhinha no corredor, e que os esfarrapados, encardidos e empiolhados cobertores dos enfermos apresentassem um alinhamento perfeito ao pé da cama. Uma vez anunciada a inspeção, eu tinha de cuidar que o chefe ou subchefe do campo de concentração, ao enfiar a cabeça pela porta do nosso barracão para dar uma espiada em seu interior, não percebesse sequer uma palha, nem resto de cinza na frente do fogão etc. A inspeção não se importava com a sorte das pessoas que habitavam aquele buraco. Importante era que eu tirasse da cabeça raspada o barrete de prisioneiro, batesse os calcanhares e anunciasse em tom marcial: "Barracão de enfermaria VI/9, 52 doentes de tifo exantemático, dois enfermeiros, um médico". E já iam embora os inspetores. Mas até que eles viessem (e costumavam vir muitas horas depois de anunciado, ou simplesmente não vinham), eu me via forçado a ficar constantemente arrumando cobertores, catando palhas que caíam dos catres e, para completar, ralhar com os pobres-diabos que quisessem comprometer, no último momento, toda aquela ordem e limpeza aparentes. Pois a apatia e insensibilidade, ainda mais acentuadas nos acometidos de febre, os faz reagir apenas quando se grita com eles. Mas até isso muitas vezes não adianta, e então é preciso controlar-se com o maior esforço para não acabar batendo em alguém. Esse descontrole pode ocorrer facilmente, pois a própria irritabilidade aumenta desmedidamente face à apatia dos outros, e mais ainda diante do perigo em que ela coloca a gente, quando de uma inspeção iminente.

A liberdade interior

Essa tentativa de descrição psicológica e explicação psicopatológica dos traços típicos com que a estada mais demorada no campo de concentração marca a pessoa parece dar a impressão de que, afinal de contas, a alma humana é clara e forçosamente condicionada pelo ambiente. Na psicologia do campo de concentração, é precisamente a vida ali imposta, e que constitui um ambiente social todo peculiar, que determina, ao que parece, o comportamento da pessoa. Com razão se poderão levantar objeções e perguntar: "Onde fica a liberdade humana?" Não haveria ali um mínimo de liberdade espiritual no comportamento, na atitude frente às condições ambientais ali encontradas? Será que a pessoa nada mais é que um resultado de múltiplos determinantes e condicionamentos, sejam eles de ordem biológica, psicológica ou social? Seria a pessoa apenas o produto aleatório de sua constituição física, da sua disposição caracterológica e da sua situação social? E, mais particularmente, será que as reações psíquicas da pessoa a esse ambiente socialmente condicionado do campo de concentração estariam de fato evidenciando que ela não pode fugir às influências dessa forma de existência às quais foi submetida à força? Precisa ela necessariamente sucumbir a essas influências? Será que ela não pode reagir de outro modo às condições de vida reinantes no campo de concentração?

Podemos dar resposta a essa pergunta tanto baseados na experiência, como em caráter fundamental. A experiência da vida no campo de concentração mostrou-nos que a pessoa pode muito bem agir "fora do esquema". Há suficientes exemplos, muitos deles heroicos, que demonstraram ser possível superar a apatia e reprimir a irritação; e que continua existindo, portanto, um resquício de liberdade do espírito humano, de atitude livre do eu frente ao meio ambiente, mesmo nessa situação de coação aparentemente absoluta, tanto exterior como interior. Quem dos que passaram pelo campo de concentração não saberia falar daquelas figuras humanas que caminhavam pela área de formatura dos prisioneiros, ou de barracão em barracão, dando aqui uma palavra de carinho, entregando ali a última lasca de pão? E mesmo que tenham sido poucos, não deixou de constituir prova de que *no campo de concentração se pode privar a pessoa de tudo, menos da liberdade última de assumir uma atitude alternativa frente às condições dadas. E havia uma alternativa!* A cada dia, a cada hora no campo de concentração, havia milhares de oportunidades de concretizar essa decisão interior, uma decisão da pessoa contra ou a favor da sujeição aos poderes do ambiente que ameaçavam privá-la daquilo que é a sua característica mais intrínseca – sua liberdade – e que a induzem, com a renúncia à liberdade e à dignidade, a virar mero joguete e objeto das condições externas, deixando-se por elas cunhar um prisioneiro "típico" do campo de concentração.

A partir desse último ponto de vista, também a reação psíquica dos internados nos campos de concentração, em última análise, somente pode ser interpretada como algo mais que mera expressão de certas condições físicas, psicológicas e sociais – por mais que todas elas, seja a falta de calorias, seja a deficiência de sono, sejam os mais diversos "complexos" psíquicos, pareçam sugerir que a decadência da pessoa esteja vinculada à lei normativa de uma psique típica do campo de concentração. Aquilo que sucede interiormente com a pessoa, aquilo em que o campo de concentração parece "transformá-la", revela ser o resultado de uma decisão interior. Em princípio, portanto, toda pessoa, mesmo sob aquelas circunstâncias, pode decidir de alguma maneira no que ela acabará sendo, em sentido espiritual: um típico prisioneiro de campo de concentração, ou então uma pessoa, que também ali permanece sendo ser humano e conserva sua dignidade.

Dostoievsky afirmou certa vez: "Temo somente uma coisa: não ser digno do meu tormento". Essas palavras ficavam passando, muitas vezes, pela cabeça da gente quando se ficava conhecendo aquelas pessoas tipo mártir, cujo comportamento no campo de concentração, cujo sofrimento e morte testemunham essa liberdade interior última do ser humano, a qual não se pode perder. Sem dúvida, elas poderiam dizer que foram "dignas dos seus tormentos". Elas provaram que, inerente ao sofrimento, há uma conquista, que é uma conquista interior. *A liberdade espiritual do ser humano, a qual não se lhe pode tirar, permite-lhe, até o último suspiro, configurar sua vida de modo que tenha sentido.* Pois não somente uma vida ativa tem sentido, em dando à pessoa a oportunidade de concretizar valores de forma criativa. Não há sentido apenas no gozo da vida, que permite à pessoa realizar valores na experiência do que é belo, na experiência da arte ou da natureza. Também há sentido naquela vida que – como no campo de concentração – dificilmente oferece uma chance de se realizar criativamente e em termos de experiência, mas que lhe reserva apenas uma possibilidade de configurar o sentido da existência, que consiste precisamente na atitude com que a pessoa se coloca face à restrição forçada de fora sobre seu ser. Faz muito que o recluso está privado de realizar valores criativos. Mas não se encontra sentido apenas na realização de valores de criação e de experiência. *Se é que a vida tem sentido, também o sofrimento necessariamente o terá.* Afinal de contas, o sofrimento faz parte da vida, de alguma forma, do mesmo modo que o destino e a morte. Aflição e morte fazem parte da existência como um todo.

A maioria preocupava-se com a questão: "Será que vamos sobreviver ao campo de concentração? Pois, caso contrário, todo esse sofrimento não tem sentido". Em contraste, a pergunta que me afligia era outra: "Será que tem sentido todo esse sofrimento, essa morte ao nosso redor? Pois caso contrário, afinal de contas, não faz sentido sobreviver ao campo de concentração". Uma vida cujo sentido depende exclusivamente de se escapar com ela ou não e, portanto, das boas graças de semelhante acaso – uma vida dessas nem valeria a pena ser vivida.

O destino – um presente

Pela maneira com que uma pessoa assume seu destino inevitável, assumindo com esse destino todo o sofrimento que se lhe impõe, revela-se, mesmo nas mais difíceis situações, mesmo no último minuto de sua vida, uma abundância de possibilidades de dar sentido à existência. A pessoa pode permanecer corajosa e valorosa, digna e desinteressada, ou, na luta levada ao extremo pela autopreservação, pode esquecer sua humanidade e acabar tornando-se por completo aquele animal gregário, conforme nos sugeriu a psicologia do prisioneiro do campo de concentração. Dependendo da atitude que tomar, a pessoa realiza ou não os valores que lhe são oferecidos pela situação sofrida e pelo seu pesado destino. Ela então será "digna do tormento" ou não.

Ninguém pense que essas reflexões estão distantes da realidade da vida e do mundo. Sem dúvida, poucas e raras são as pessoas capazes e à altura dessa elevada proposta. Pois poucos foram os que no campo de concentração mantiveram sua plena liberdade interior e puderam alçar-se à realização daqueles valores possibilitada pelo sofrimento. E mesmo que tivesse sido um único apenas – ele bastaria como testemunho para o fato de que a pessoa interiormente pode ser mais forte do que seu destino exterior, e isso não somente no campo de concentração. Sempre e em toda parte, a pessoa está colocada diante da decisão de transformar sua situação de mero sofrimento numa realização interior de valores. Tomemos o caso dos doentes, particularmente os incuráveis. Li certa vez a carta de um paciente relativamente jovem comunicando ao seu amigo que acabara de ficar sabendo que sua vida não duraria muito mais e que mesmo uma operação não o salvaria. Mas escrevia ainda nessa carta que justamente agora se lembrava de um filme no qual um homem encarava sua morte com disposição, dignidade e coragem. Naquela ocasião, quando assistiu ao filme, esse nosso paciente pensara que só pode ser "um presente do céu" caminhar em direção à morte com essa atitude, de cabeça erguida, e agora – escrevia ele – seu destino lhe dera essa chance.

Anos atrás vimos outro filme, "Ressurreição", baseado num romance de Tolstoi. Quem então não pensou a mesma coisa: Que destinos grandiosos, quão grandes personalidades! Nós, de certo, não teremos um destino tão glorioso e por isso jamais poderemos alcançar semelhante grandeza humana... Terminada a sessão de cinema, íamos tomar um café, comer um sanduíche e acabávamos com essas estranhas ideias metafísicas que, por um momento, haviam cruzado nosso pensamento. Mas quando a gente mesmo se via colocado perante um destino grandioso, quando a gente mesmo se defrontava com a decisão de fazer frente ao destino com grandeza interior própria, já tínhamos esquecido aqueles propósitos pouco sérios e acabávamos falhando...

Para um ou outro de nós, entretanto, talvez tenha chegado o dia em que estava novamente sentado no cinema, assistindo ao mesmo filme, ou a um filme semelhante, enquanto que interiormente assistia a um outro filme, lembrando-se daquelas pessoas que realizaram em sua vida tudo isso e mais ainda do que o pode mostrar uma produção cinematográfica de cunho sentimental. Quem sabe, então, nos ocorre esse ou aquele detalhe dessa ou daquela história da grandeza interior de determinada pessoa – como, por exemplo, a história de uma mulher jovem morrendo no campo de concentração, da qual fui testemunha. A história é singela, não há muito o que contar, e, mesmo assim, ela soará como que inventada, de tão poética que ela se me afigura.

Essa jovem mulher sabia que teria que morrer nos próximos dias. Quando falei com ela, ainda assim estava bem disposta. "Sou grata a meu destino por ser assim tão duro comigo", foi o que ela me disse textualmente, "pois em minha vida burguesa anterior eu tive tudo o que quis e minhas ambições espirituais não eram lá muito sérias". Em seus últimos dias, ela estava completamente ensimesmada. "Essa árvore ali é a única amiga em minhas solidões", disse-me ela, apontando pela janela do barracão. Lá fora um castanheiro estava em plena florescência e do catre da enferma podia-se enxergar, pela pequena janela do barracão da enfermaria, um único ramo verdejante com duas flores. "Com essa árvore eu converso muitas vezes", disse ela. Fico meio desconcertado, sem saber como interpretar suas palavras. Estaria ela sofrendo de alucinações e delírios? Por isso lhe pergunto se a árvore também lhe responde – sim? E o que lhe estaria dizendo? Respondeu-me: "Ela me disse: estou aqui, – eu – estou – aqui – eu sou a vida, a vida eterna...".

Análise da existência provisória

Dissemos acima que a razão última para a deformação da realidade vital interior da pessoa no campo de concentração não está nas causas psicofísicas enumeradas, no fato de se originar, em última análise, numa livre decisão. Isso queremos detalhar a seguir. A observação psicológica dos reclusos, no campo de concentração, revelou que somente sucumbe às influências do ambiente no campo, em sua evolução de caráter, aquele que entregou os pontos espiritual e humanamente. Mas somente entregava os pontos aquele que não tinha mais em que se segurar interiormente! Em que deveria e poderia consistir esse apoio interior? Eis a nossa questão.

Os relatos e as descrições de casos vividos por ex-prisioneiros concordam em que o mais deprimente era o fato de o recluso geralmente nunca saber quanto tempo ele ainda teria que passar no campo de concentração. Ele não conhece o prazo para a libertação! Esse, se entrava em cogitação (o que não acontecia no nosso campo), era tão indeterminado que, na prática, a duração do confinamento não só era impossível de se conhecer, mas podia ser considerada ilimitada. Um conhecido pesquisador na área da psicologia apontou, certa vez, para o fato de que a forma de existência no campo de concentração poderia ser caracterizada como uma "existência provisória". De nossa parte precisamos complementar essa caracterização dizendo que a existência do prisioneiro em campo de concentração pode ser definida como "provisória sem prazo".

Ao chegar a um campo de concentração, os recém-internados geralmente pouco sabiam sobre as condições ali vigentes. Os que voltavam tinham que se calar, e de certos campos jamais alguém regressara... Ao pôr os pés no campo, entretanto, alterava-se o cenário interior. Com o fim da incerteza também já chegava – a incerteza do fim. Não se podia prever quando chegaria ao fim essa forma de existência, se é que jamais sucederia.

Como se sabe, o termo latino *finis* tem dois significados: fim e meta. A pessoa cuja situação não permite prever o final de uma forma provisória de existência também não consegue viver em função de um alvo. Ela também não consegue mais existir voltada para o futuro, como o faz a pessoa numa existência normal. Concomitantemente, altera-se toda a estrutura de sua vida interior. Começam a aparecer sinais de decadência interior como os conhecemos também de outras áreas de vivência. Numa situação psicológica idêntica encontra-se, por exemplo, o desempregado; também sua existência se tornou provisória e também ele, de certo modo, não pode viver voltado para o futuro, em função de um alvo nesse futuro. Pesquisas psicológicas sistemáticas junto a mineiros desempregados permitem analisar os efeitos desse modo deformado de existência sobre a percepção do tempo, sobre o tempo interior ou "tempo de vivência", como se o denomina na psicologia.

No campo de concentração era assim: um breve período de tempo, por exemplo um dia, preenchido por incertezas e violências a todo momento, parecia interminável; um período mais longo, entretanto – digamos uma semana –, preenchido com a monotonia diária, parecia transcorrer com rapidez incrível. E meus companheiros sempre me davam razão quando dizia: No campo de concentração, um dia demora mais que uma semana! Tão paradoxal era essa percepção estranha do tempo.

Nesse contexto, por sinal, vêm também à lembrança as certeiras observações psicológicas de Thomas Mann em seu romance *A Montanha Mágica,* onde ele descreve a evolução de pessoas em situação psicológica análoga: tuberculosos internados em sanatório, que igualmente não sabem quando receberão alta e ficam numa existência "sem futuro", sem orientação para uma meta, assim como os tipos humanos confinados em campos de concentração.

Um dos prisioneiros contou-me que, ao marchar numa longa coluna de reclusos recém-chegados, indo da estação ferroviária para o campo de concentração, teve o sentimento de estar andando "atrás de seu próprio cadáver". Tal a intensidade com que ele experimentou, naquela ocasião, sua absoluta falta de futuro, o qual o obrigou a encarar toda a sua vida exclusivamente sob a perspectiva do passado, como algo passado, como de um morto. Essa experiência de ser "cadáver vivo" ainda é aprofundada por outros momentos. Enquanto que na dimensão temporal se faz sentir o caráter ilimitado da detenção, faz-se sentir na dimensão espacial a limitação, o encarceramento. Aquilo que se encontra do lado de fora do arame farpado, muito cedo, parece inacessível e finalmente irreal, de certo modo. Os acontecimentos lá fora, assim como as pessoas e toda a vida normal fora do campo, assumem um aspecto de certa forma fantasmagórico para aquele que está dentro do campo de concentração. Na medida em que essa pessoa puder lançar um olhar para fora, a vida ali será vista por ela como que por um falecido que olha do "além" para este mundo. Em relação ao mundo normal, o recluso, com o tempo, se sentirá como se tivesse "desaparecido para este mundo".

Para quem entrega os pontos como pessoa, por não mais conseguir apoiar-se num alvo futuro, a forma de vida interior no campo de concentração acaba desembocando numa forma de existência retrospectiva. Dessa tendência de voltar para o passado já falamos em outro contexto. Ela se presta para a depreciação do presente com seus horrores. Ocorre, porém, que a depreciação do presente, da realidade circundante, implica certo perigo. Isso porque podem ser facilmente esquecidas as possibilidades de influência criativa sobre a realidade, as quais não deixam de existir também no campo de concentração, como ficou demonstrado em diversos exemplos heroicos. A desvalorização total da realidade, oriunda da forma provisória de existência do recluso, acaba seduzindo a pessoa a entregar os pontos completamente, a abandonar-se a si mesma, visto que de qualquer forma "tudo está perdido". Essas pessoas estão se esquecendo de que, muitas vezes, é justamente uma situação exterior extremamente difícil que dá à pessoa a oportunidade de crescer interiormente para além de si mesma. Em vez de transformar as dificuldades externas da vida no campo de concentração numa prova de sua força interna, elas não levam a sério a existência atual e depreciam-na para algo sem real valor. Preferem fechar-se a essa realidade, ocupando-se apenas com a vida passada.

A vida dessas pessoas acaba se desvanecendo, em vez de alçar-se a um ponto alto justamente sob as dificuldades extremas da reclusão, para o que, em princípio, haveria a chance. Naturalmente, são poucas as pessoas capazes disso; mas elas conseguiram, mesmo no fracasso exterior e mesmo na morte, alcançar uma grandeza humana que antes, em sua existência cotidiana, talvez jamais lhes tivesse sido concedida. Para os outros, entretanto, para nós, do tipo médio e frouxo, passava a valer a advertência de Bismarck: "A vida é como estar no dentista: a gente pensa que o principal ainda vem, quando na realidade já passou". Variando um pouco, poderíamos dizer que a maioria das pessoas no campo de concentração acreditava ter perdido as verdadeiras possibilidades de realização, quando na realidade elas consistiam justamente naquilo que a pessoa fazia dessa vida no campo: vegetar como os milhares de prisioneiros ou, como uns poucos, vencer interiormente.

Espinoza como educador

Assim fica evidente que toda tentativa psicoterapêutica, ou mesmo psico-higiênica, de combater os fenômenos psicopatológicos suscitados no prisioneiro pela vida no campo de concentração necessariamente terá que procurar a reconstrução interior da pessoa, apesar de estar num campo de concentração, procurando fazê-la orientar-se para o futuro, para um alvo no futuro. Instintivamente, um ou outro recluso o fez por si. A maioria dispunha de algo que os sustentava, e geralmente se tratava de um pedaço de futuro. Não deixa de ser uma peculiaridade do ser humano que ele somente pode existir propriamente com uma perspectiva futura, de certa forma *sub specie aeternitatis* – do ponto de vista da eternidade. Nos momentos difíceis de sua existência, ele sempre de novo se refugia nessa dimensão futura. Muitas vezes, isso pode tomar a forma de um truque.

No que tange a mim, lembro-me da seguinte experiência: quase chorando de dor nos pés lesionados postos em sapatos abertos, num frio terrível e enfrentando um vento gelado, eu ia mancando na longa coluna no caminho de vários quilômetros entre o campo e o local da obra. Meu espírito ocupava-se sem cessar com os milhares de pequenos problemas de nossa mísera vida de campo de concentração. Que vamos comer à noite? Não será melhor trocar a rodela extra de linguiça, que talvez receberemos, por um pedaço de pão? Será que devo negociar por uma tigela de sopa o último cigarro que me sobrou do "prêmio" de duas semanas atrás? Como vou conseguir um pedaço de arame para substituir o que quebrou e que servia para fechar os sapatos? Será que vou me integrar em tempo ao habitual grupo de trabalho no local da obra, ou vão me despachar para outra turma com capataz brutal e violento? E que poderia eu fazer para cair no agrado de determinado *capo*, que me poderia proporcionar a imensa felicidade de ser utilizado como trabalhador de depósito no próprio campo de concentração, de modo que não precisasse mais acompanhar diariamente essa marcha terrível? Já me causa repugnância essa compulsão cruel que força meu pensamento a se atormentar diária e constantemente só com esse tipo de problemas. Eis que então aplico um truque: vejo-me, de repente, ocupando a tribuna de um grande auditório magnificamente iluminado e aquecido, diante de mim um público a ouvir atento, sentado em confortáveis poltronas, enquanto vou falando; dou uma palestra sobre a psicologia do campo de concentração, e tudo aquilo que tanto me tortura e oprime acaba sendo objetivado, visto e descrito da perspectiva mais alta da ciência... Por meio desse truque consigo alçar-me, de algum modo, acima da situação, colocar-me acima do tempo presente e de seu sofrimento, contemplando-o como se já estivesse no passado e como se eu mesmo, com todo o meu tormento, fosse objeto de uma interessante investigação psicológico-científica, por mim mesmo empreendida. Diz Espinoza em sua *Ética: "Affectus, qui passio est, desinit esse passio simulatque eius claram et distinctam formamus ideam"* ("A emoção que é sofrimento deixa de ser sofrimento no momento em que dela formarmos uma ideia clara e nítida" – *Ética,* quinta parte: "Do poder do espírito ou a liberdade humana", sentença III).

Quem não consegue mais acreditar no futuro – seu futuro – está perdido no campo de concentração. No futuro, tal pessoa perde o apoio espiritual, sucumbe interiormente e decai física e psiquicamente. Geralmente isso acontece de forma até bastante repentina, numa espécie de crise, cujos sintomas o recluso relativamente experiente conhece muito bem. Cada um de nós temia aquele momento em que se manifestava pela primeira vez essa crise – não em si próprio, pois então já teria sido indiferente, e sim em seus amigos. Geralmente essa crise se configurava da seguinte maneira: a pessoa em questão, certo dia, ficava simplesmente deitada em seu barracão, e ninguém conseguia persuadi-la a botar a roupa, ir ao lavatório ou mesmo a se apresentar na formatura de chamada. Nada mais surtia efeito, nada lhe metia medo, nem súplicas, nem ameaças, nem golpes, tudo em vão. O sujeito simplesmente ficava deitado, não se mexia, e quando uma doença provocava essa crise, a pessoa se negava inclusive a ser transportada para o ambulatório ou tomar qualquer medida em prol de si mesma. Ela entrega os pontos! Fica deitada até nas próprias fezes e urina, pois nada mais lhe interessa.

Certa vez, vivenciei de forma dramática a importância da relação existente entre esse perigosíssimo entregar os pontos, o deixar-se cair, por um lado, e a perda da vivência em função do futuro, por outro. O chefe do meu bloco, um estrangeiro que outrora fora um compositor musical bastante conhecido, disse-me certo dia: "Ei, doutor, gostaria de lhe contar uma coisa. Há pouco tempo, tive um sonho curioso. Uma voz me disse que eu poderia expressar um desejo, que poderia dizer o que gostaria de saber e ela me responderia qualquer pergunta. Sabe o que eu perguntei? Quero saber quando a guerra terminará para mim. Sabe o que quero dizer: para mim! Isto é, queria saber quando seremos libertos do nosso campo de concentração, ou seja, quando terminarão nossos sofrimentos". Perguntei-lhe quando tivera esse sonho. "Em fevereiro de 1945", respondeu. Estávamos no começo de março. "E o que te disse então a voz em sonho?", continuei perguntando. Bem baixinho, me segredou: "Em 30 de março...".

Quando esse meu companheiro me narrou seu sonho, estava ainda cheio de esperança, convicto de que se cumpriria o que anunciara aquela voz. Mas a data profetizada se aproximava cada vez mais e as notícias sobre a situação militar, na medida em que penetravam em nosso campo, faziam parecer cada vez menos provável que a frente de batalha, de fato, nos trouxesse a liberdade ainda no mês de março. Deu-se então o seguinte: em 29 de março, aquele companheiro foi repentinamente atacado de febre alta. Em 30 de março, no dia em que de acordo com a profecia a guerra e o sofrimento (para ele) chegariam ao fim, ele caiu em pleno delírio e finalmente entrou em coma... No dia 31 de março, ele estava morto. Falecera de tifo exantemático.

Quem conhece as estreitas relações existentes entre o estado emocional de uma pessoa e as condições de imunidade do organismo, compreenderá os efeitos fatais que poderá ter a súbita entrega ao desespero e ao desânimo. Em última análise, meu companheiro foi vitimado porque sua profunda decepção pelo não cumprimento da libertação pontualmente esperada reduziu drasticamente a capacidade imunológica de seu organismo contra a infecção de tifo exantemático já latente. Paralisaram-se sua fé no futuro e sua vontade de futuro, acabando seu organismo por sucumbir à doença. Assim a voz do seu sonho acabou prevalecendo...

Esse caso isolado e as conclusões dele tiradas coadunam-se com outra observação para a qual o médico-chefe do nosso campo chamou a minha atenção certa vez. Na semana entre o Natal de 1944 e o Ano-Novo de 1945, irrompeu uma mortandade jamais vista anteriormente no nosso campo de concentração. Também o médico-chefe foi de opinião de que as causas da mesma não estavam num agravamento das condições de trabalho ou de alimentação, ou numa eventual alteração climática ou mesmo novas epidemias. Antes, a causa dessa mortandade em massa devia ser procurada exclusivamente no fato de a maioria dos prisioneiros ter se entregue à habitual e ingênua esperança de estar de volta em casa já para o Natal. Como, porém, as notícias dos jornais fossem tudo menos animadoras, ao se aproximar aquela data, os reclusos foram tomados de desânimo e decepção gerais, cuja perigosa influência sobre a capacidade de resistência dos prisioneiros se manifestou justamente também naquela mortandade em massa daquele período.

Dissemos acima que toda tentativa de restabelecer interiormente as pessoas no campo de concentração pressupõe que consigamos orientá-las para um alvo no futuro. A divisa que necessariamente orientou todos os esforços psicoterapêuticos ou psico-higiênicos junto aos prisioneiros talvez encontre sua melhor expressão nas palavras de Nietzsche: "Quem tem *por que* viver aguenta quase todo *como*". Portanto era preciso conscientizar os prisioneiros, à medida que era dada a oportunidade, do "porquê" de sua vida, do seu alvo, para assim conseguir que eles estivessem também interiormente à altura do terrível "como" da existência presente, resistindo aos horrores do campo de concentração. E, inversamente, ai daquele que não via mais uma meta de vida diante de si, cuja vida não tinha mais conteúdo, mas perdia o sentido de sua existência e assim todo e qualquer sentido para suportar o sofrimento. Essas pessoas perdiam a estrutura e sucumbiam muito cedo. A expressão típica com que replicavam a toda e qualquer palavra animadora era sempre a mesma: "Não tenho mais nada a esperar da vida". Como se reagirá a essa atitude?

Perguntar pelo sentido da vida

O que se faz necessário aqui é uma reviravolta em toda a colocação da pergunta pelo sentido da vida. Precisamos aprender e também ensinar às pessoas em desespero que a *rigor nunca e jamais importa o que nós ainda temos a esperar da vida, mas sim exclusivamente o que a vida espera de nós.* Falando em termos filosóficos, poder-se-ia dizer que se trata de fazer uma revolução copernicana. Não perguntamos mais pelo sentido da vida, mas nos experimentamos a nós mesmos como os indagados, como aqueles aos quais a vida dirige perguntas diariamente e a cada hora – perguntas que precisamos responder, dando a resposta adequada não por meio de elucubrações ou discursos, mas apenas por meio da ação, por meio da conduta correta. Em última análise, viver não significa outra coisa senão arcar com a responsabilidade de responder adequadamente às perguntas da vida, pelo cumprimento das tarefas colocadas pela vida a cada indivíduo, pelo cumprimento da exigência do momento.

Essa exigência, e com ela o sentido da existência, altera-se de pessoa para pessoa e de um momento para o outro. Jamais, portanto, o sentido da vida humana pode ser definido em termos genéricos; nunca se poderá responder com validade geral à pergunta por esse sentido. A vida como a entendemos aqui não é nada vago, mas sempre algo concreto, de modo que também as exigências que a vida nos faz sempre são bem concretas. Essa concreticidade está dada pelo destino do ser humano, que para cada um sempre é algo único e singular. Nenhum ser humano e nenhum destino podem ser comparados com outros; nenhuma situação se repete. E em cada situação a pessoa é chamada a assumir outra atitude. Em dado momento, sua situação concreta exige que ela aja, ou seja, que ela procure configurar ativamente seu destino; em outro momento, que ela aproveite uma oportunidade para realizar valores de vivência (por exemplo, sentindo prazer ou satisfação); outra vez, que ela simplesmente assuma seu destino. Mas sempre é assim que toda e qualquer situação se caracteriza por esse caráter único e exclusivo, que somente permite uma única "resposta" correta à pergunta contida na situação concreta.

Quando um homem descobre que seu destino lhe reservou um sofrimento, tem que ver nesse sofrimento também uma tarefa sua, única e original. Mesmo diante do sofrimento, a pessoa precisa conquistar a consciência de que ela é única e exclusiva em todo o cosmo dentro desse destino sofrido. Ninguém pode assumir dela o destino, e ninguém pode substituir a pessoa no sofrimento. Mas na maneira como ela própria suporta esse sofrimento está também a possibilidade de uma realização única e singular.

Para nós, no campo de concentração, nada disso era especulação inútil sobre a vida. Essas reflexões eram a única coisa que ainda podia nos ajudar, pois esses pensamentos não nos deixavam desesperar quando não enxergávamos chance alguma de escapar com vida. O que nos importava já não era mais a pergunta pelo sentido da vida como ela é tantas vezes colocada, ingenuamente, referindo-se a nada mais do que a realização de um alvo qualquer mediante nossa produção criativa. O que nos importava era o objetivo da vida naquela totalidade que inclui também a morte e assim não somente atribui sentido à "vida", mas também ao sofrimento e à morte. Esse era o sentido pelo qual estávamos lutando!

Sofrimento como realização

Uma vez que se nos revelara o sentido do sofrimento, também nos negávamos então a ficar desfazendo ou minimizando o volume de sofrimento que havia no campo de concentração, seja "reprimindo-o" ou iludindo-nos a respeito do mesmo com otimismo barato ou artificial. Para nós também o sofrimento passara a ser uma incumbência cujo sentido não mais queríamos excluir. Para nós ele tinha revelado seu caráter de conquista, aquele caráter de realização que levou Rilke a exclamar: "*Wieviel ist aufzuleiden!*" ("Quanto sofrimento há por resgatar!"). Rilke falava de resgatar o sofrimento como outros diriam cumprir uma tarefa.

Havia muito sofrimento esperando ser resgatado por nós. Por isso era também necessário olhar de frente a situação, a avalanche de sofrimento, apesar do perigo de alguém "amolecer" e, quem sabe, em segredo deixar as lágrimas correr livremente. Não precisaria envergonhar-se dessas lágrimas. Eram o penhor de ele ter a maior das coragens – a coragem de sofrer. Mas pouquíssimos sabiam disso, e só envergonhados admitiam ter-se extravasado em lágrimas. Certa vez, perguntei a um companheiro como fizera desaparecer seus edemas de fome, ao que ele confessou: "Curei-os chorando...".

Algo está esperando

As tentativas embrionárias de uma psicoterapia ou psico-higiene no campo de concentração foram de natureza individual e coletiva. As tentativas psicoterapêuticas individuais foram, muitas vezes, um "tratamento" de emergência para salvar a vida. Afinal esses esforços se destinavam sobretudo à prevenção de suicídios. Para os casos em que se concretizara a tentativa de suicídio havia uma proibição rigorosíssima de salvar a pessoa em questão. Assim, era oficialmente proibido, por exemplo, "soltar" companheiros que alguém encontrasse enforcados. Tanto mais se impunha a necessidade de tomar medidas preventivas. Lembro de dois "casos". Apresento-os não só por servirem de paradigmas para a aplicação prática das reflexões acima expostas, mas por revelarem também um notável paralelismo. Trata-se de dois homens que, em conversas, haviam manifestado intenções de suicídio. Ambos alegaram da maneira típica que "nada mais tinham a esperar da vida". Importava mostrar a ambos que a vida esperava algo deles, e algo na vida, no futuro, estaria esperando por eles. E, de fato, revelou-se que por um deles havia um ser humano esperando: seu filho, ao qual idolatrava, "esperava" pelo pai no exterior. Pelo outro "esperava" não uma pessoa, mas um objeto: sua obra. O homem era cientista e publicara uma série de livros sobre determinado tema, a qual não estava concluída e aguardava sua conclusão. E para essa obra esse homem era insubstituível, não podia ser trocado por outro. Mas ele não era nem mais nem menos insubstituível que aquele outro que, no amor de seu filho, era único e não podia ser trocado. Aquela unicidade e exclusividade que caracterizam cada pessoa humana e dão sentido à existência do indivíduo fazem-se valer tanto em relação a uma obra ou uma conquista criativa, como também em relação a outra pessoa e ao amor da mesma. Esse fato de cada indivíduo não poder ser substituído nem representado por outro é, no entanto, aquilo que, levado ao nível da consciência, ilumina em toda a sua grandeza a responsabilidade do ser humano por sua vida e pela continuidade da vida. A pessoa que se deu conta dessa responsabilidade em relação à obra que por ela espera ou perante o ente que a ama e espera, essa pessoa jamais conseguirá jogar sua vida fora. Ela sabe do "porquê" de sua existência – e por isso também conseguirá suportar quase todo "como".

Uma palavra na hora certa

As possibilidades de psicoterapia coletiva naturalmente eram muito restritas no campo de concentração. Nessa área, o que tinha efeito incomparavelmente maior do que a fala era o exemplo. Contanto que um chefe de bloco não estivesse do lado das autoridades nazistas, tinha incontáveis oportunidades de exercer uma influência profunda e positiva sobre aqueles que se achavam sob sua esfera de ação, por meio de uma atitude íntegra e encorajadora. O efeito direto do ser exemplo sempre é maior do que o efeito de palavras. Volta e meia, porém, também a palavra tinha efeito, quando, por alguma circunstância externa, aumentava o eco interior. Lembro-me de certa ocasião em que surgiu a oportunidade de aproveitar psicoterapeuticamente, numa espécie de diálogo coletivo, a receptividade interior dos reclusos, favorecida por determinada situação externa.

O dia fora terrível. Fazia pouco, haviam sido anunciados, na hora da chamada, todos os pontos que doravante seriam considerados sabotagem e punidos imediatamente com enforcamento. Entre esses delitos constavam trivialidades como cortar tiras estreitas de nossos velhos cobertores (o que muitos de nós tínhamos feito para confeccionar polainas improvisadas), além de qualquer "furto", mesmo o mais insignificante. Acontece que, poucos dias antes, um prisioneiro que estava morrendo de fome penetrara no depósito para roubar uns quilos de batatas. Constatou-se o arrombamento e alguns prisioneiros descobriram o "assaltante". Quando a direção do campo deu pela coisa, exigiu a entrega do delinquente, caso contrário o campo inteiro teria que ficar de jejum durante um dia. Naturalmente os 2.500 companheiros preferiram jejuar a entregar o companheiro para ser enforcado. Ao chegar a noite desse dia de jejum, estávamos estirados em nosso barracão, todos tomados de depressão geral. Falava-se pouco e, quando saía uma palavra, ela demonstrava irritação. Como se não bastasse, a luz apagou. O estado de espírito geral atingiu seu ponto mais baixo. O chefe do grupo, porém, era uma pessoa sábia e improvisou uma conversa sobre tudo aquilo que tanto nos preocupava interiormente. Falou sobre os tantos companheiros que haviam morrido nos últimos dias, de doença ou por suicídio. Falou também sobre o que provavelmente seria o motivo dessas mortes, em ambas as modalidades: o entregar os pontos. Sobre esse aspecto, bem como sobre a questão de como se poderia talvez resguardar ainda as prováveis vítimas seguintes desse fatal autoabandono interior, nosso chefe pediu que se dessem algumas explicações e citou meu nome! Ora, o meu estado de espírito naquele momento nem de longe era de dar explicações psicológicas ou qualquer consolo psicoterapêutico para meus companheiros de barracão, numa espécie de aconselhamento médico-pastoral. Eu estava com frio e com fome e também me sentia muito desanimado e irritado. Mas tive que juntar as forças e aproveitar essa oportunidade única, pois o que mais precisavam agora era de ânimo.

Assistência psicológica

Iniciei por dizer que, olhando objetivamente, o futuro só podia parecer desesperador. Admiti que cada um de nós podia calcular para si mesmo como eram mínimas as chances de sobrevivência. Ainda não chegara ao campo a epidemia de tifo exantemático. Mesmo assim, estimei em cinco por cento minhas chances de sobreviver. E disse isso a eles! E lhes disse também que, no que dependesse de mim, não perderia a esperança nem desistiria de lutar. Pois ninguém conhece o futuro. Nenhuma pessoa sabe o que talvez lhe ocorrerá dentro de uma hora. Não podíamos esperar novidades militares sensacionais para o dia seguinte – e ninguém melhor que nós, com longa experiência de campo de concentração, para sabê-lo. Mas, muitas vezes, surge de repente uma grande chance, no mínimo para um de nós: ser destacado para um reduzido transporte destinado a um comando especial com condições de trabalho excepcionalmente favoráveis etc. – coisas que, às vezes, eram o anseio e a maior "felicidade" do recluso.

Mas não falei somente do futuro e da penumbra em que esse felizmente estava envolto, nem fiquei apenas no presente com todo o seu sofrimento. Falei também do passado, com todas as suas alegrias, e da luz que ele ainda lançava para dentro das trevas dos nossos dias. Citei o poeta que diz: "Aquilo que viveste nenhum poder do mundo tirará". Aquilo que realizamos na plenitude da nossa vida passada, na abundância de suas experiências, essa riqueza interior nada nem ninguém nos podem tirar. Mas não só o que vivenciamos; também aquilo que fizemos, aquilo que de grandioso pensamos, e o que padecemos, tudo isso salvamos para a realidade, de uma vez por todas. Essas experiências podem pertencer ao passado; justamente no passado ficam asseguradas para toda a eternidade! Pois o passado também é uma dimensão do ser, quem sabe, a mais segura.

Finalizando, disse que a vida está repleta de oportunidades para dotá-la de sentido. Os meus companheiros mal se mexiam, estirados pelo chão. Vez por outra, ouvia-se um suspiro doloroso. Dei a entender que a vida humana tem sentido sempre e em todas as circunstâncias, e que esse infinito significado da existência também abrange sofrimento, morte e aflição. Pedi àqueles pobres coitados, que há tempo me escutavam na escuridão total do barracão, que olhassem de frente para a situação em que estávamos, por mais difícil que ela fosse, e não desesperassem, mas recobrassem o ânimo, cientes de que, mesmo perdida, a nossa luta, nossos esforços não perderiam seu sentido e dignidade. Cada um de nós, disse-lhes eu, nesses momentos difíceis e mais ainda na hora derradeira que se aproxima para muitos de nós, se encontra sob o olhar desafiante de um amigo ou de uma mulher, de um vivente ou de um morto – ou sob o olhar de Deus. Ele espera que não o decepcionemos e que saibamos sofrer e morrer, não miseravelmente, mas com orgulho!

Encerrando, falei do nosso sacrifício. Disse que ele tem sentido em todo e qualquer caso. Disse que a natureza do sacrifício implica ser ele vivido na premissa de que, neste nosso mundo, no mundo do êxito, nada se alcança com ele. Não vem ao caso se o sacrifício é feito em prol de uma ideia política ou se se trata da abnegação de uma pessoa em favor de outra. Claro, aqueles que fossem crentes no sentido religioso puderam entendê-la com facilidade. Mencionei aquele companheiro que, no início de sua estada no campo de concentração, propusera ao céu um pacto: que seu sofrimento e morte poupassem de uma morte atormentada a pessoa por ele tão amada. Para esse homem, sofrimento e morte não eram sem sentido, e, sim, foram dotados do mais profundo sentido em sua função de sacrifício. Ele não queria nem sofrer nem morrer sem um sentido. Ninguém de nós o queria! Dar a esta vida, aqui e agora naquele barracão, naquela situação praticamente sem saída, esse sentido último foi o propósito das minhas palavras.

Não demorou muito e pude perceber que esse propósito atingira seu objetivo. Ao acender-se novamente a lâmpada elétrica do barracão, vi achegarem-se as figuras miseráveis de meus companheiros, mancando, com lágrimas nos olhos, para me agradecer. Mas quero confessar aqui que, apenas raramente, tive a força interior para abrir-me num contato tão intenso e último com meus companheiros de cruz como naquela noite. Certamente deixei de aproveitar muitas circunstâncias externas favoráveis a um contato desses.

Psicologia da guarda do campo de concentração

Discutimos até aqui o choque na recepção e a psicologia da vida propriamente dita no campo de concentração. Antes de nos voltarmos à terceira fase de reações psíquicas do recluso, ou seja, à psicologia de recém-liberto do campo de concentração, queremos dedicar nossa atenção, por um momento, a uma questão à parte, que, repetidamente, é apresentada ao psicólogo, de modo geral, e mais particularmente àquele que vivenciou em pessoa essas coisas: a psicologia do pessoal da guarda no campo de concentração.

Como é possível que pessoas de carne e osso cheguem a infligir tamanho sofrimento a outros seres humanos? Quando alguém ouve esses relatos, realmente dando-lhes crédito e dando-se conta de que semelhantes coisas de fato são possíveis, então se pergunta como algo assim é possível psicologicamente. Para responder a essa pergunta, mesmo sem querer entrar a fundo na questão, é preciso lembrar que existem, entre os guardas de um campo de concentração, sádicos por excelência, no sentido estritamente clínico. Em segundo lugar, escolhiam-se sádicos justamente quando se compunham pelotões de guarda excepcionalmente rigorosos. Já falamos da seleção negativa de carrascos e cúmplices feita entre a massa dos prisioneiros para ocupar a posição de *capo*, o que explica por que justamente os elementos brutais e os indivíduos egoístas conseguiam sobreviver. Além dessa seleção negativa, havia ainda no campo uma seleção positiva das pessoas sádicas.

Às vezes, ficávamos no local da obra trabalhando na vala sob temperaturas abaixo de zero, praticamente sem agasalho, recebendo, porém, a licença de nos aquecer junto a um fogareiro portátil, cada um por seu turno e alguns minutos a cada duas horas. Alimentávamos essa lareira com galhos e restos de lenha. Nessas ocasiões, a alegria era geral. Mas, de vez em quando, havia um capataz ou contramestre que tinha um prazer especial em nos tirar essa alegria e era fácil reconhecer em sua fisionomia o sádico prazer com que ele proibia tudo arbitrariamente e jogava a lareira na neve juntamente com o braseiro tão aconchegante. E quando a SS antipatizava mais fortemente com alguém, ela deixava o pobre coitado à mercê de um homem conhecido por sua devassidão e por sua especialização em torturas sádicas.

Em terceiro lugar, deve ser observado que grande parte do corpo da guarda estava simplesmente insensibilizada por tantos anos de convivência com o sadismo cada vez maior do campo de concentração. Foram principalmente essas pessoas embrutecidas em sua vida emocional que rejeitaram, ao menos para si, as atitudes próprias do sadismo. Mas foi também só isso, porque naturalmente nada empreendiam contra o sadismo dos outros.

Em quarto lugar, porém, deve-se lembrar ainda que mesmo entre o pessoal do corpo da guarda havia sabotadores. Quero mencionar aqui apenas o chefe do último campo de concentração em que estive e do qual fui libertado. Ele era integrante da SS. Após a libertação daquele campo, constatou-se um fato do qual somente o médico do campo – ele mesmo prisioneiro – tinha conhecimento até ali. O chefe do campo dera, em segredo, considerável somas de dinheiro do próprio bolso para que se pudessem arranjar medicamentos para os reclusos na farmácia do lugarejo mais próximo! Essa história ainda teve um epílogo. Após a libertação, prisioneiros judeus esconderam esse homem da SS das tropas americanas e declararam a seu comandante que o entregariam única e exclusivamente sob a condição de não se tocar em um fio de seu cabelo sequer. O comandante das tropas americanas deu-lhes então sua palavra de honra como oficial militar, e os prisioneiros judeus lhe apresentaram o ex-comandante do campo. O comandante das tropas reintegrou esse homem da SS em seu cargo de comandante do campo, e ele organizou então para nós coletas de gêneros alimentícios e de agasalho entre a população dos vilarejos circunvizinhos.

Em contrapartida, o preposto justamente daquele campo, prisioneiro ele mesmo, foi mais brutal que todos os guardas SS do campo juntos. Batia nos prisioneiros quando, onde e como pudesse, ao passo que o chefe não levantou o punho sequer uma vez, ao que eu saiba, contra qualquer dos "seus" prisioneiros.

Daí se deduz uma coisa. Afirmar que alguém fazia parte da guarda do campo de concentração ou que foi prisioneiro no campo não quer dizer nada. A bondade humana pode ser encontrada em todas as pessoas e ela se acha também naquele grupo que, à primeira vista, deveria ser sumariamente condenado. As delimitações se sobrepõem. Não podemos simplificar as coisas dizendo: "Os prisioneiros são anjos, e os guardas são demônios". Pelo contrário. Contrariando o que de modo geral é sugerido pela vida no campo de concentração, ser guarda ou supervisor e ter uma atitude humana para com os prisioneiros sempre será de certa forma um mérito pessoal e moral. Em contrapartida, é particularmente deplorável a baixeza do prisioneiro que inflige um mal a seus próprios companheiros de dor. É claro que essa falta de caráter é mais dolorosa para os reclusos, da mesma forma como um prisioneiro, que é alvo do mais insignificante gesto humano que lhe fizer um integrante da guarda, fica profundamente comovido. Lembro-me que, um dia, um capataz (não prisioneiro) furtivamente me passou um pedaço de pão. Eu sabia que ele só podia tê-lo poupado de seu desjejum. O que me abalou a ponto de derramar lágrimas não foi aquele pedaço de pão em si, e sim o afeto humano que esse homem me ofereceu naquela ocasião, a palavra e o olhar humanos que acompanharam a oferta...

De tudo isso podemos aprender que existem sobre a terra duas raças humanas e realmente apenas essas duas: a "raça" das pessoas direitas e a das pessoas torpes. Ambas as "raças" estão amplamente difundidas. Insinuam-se e infiltram-se em todos os grupos: não há grupo constituído exclusivamente de pessoas decentes, nem unicamente de pessoas torpes. Neste sentido não existe grupo de "raça pura", e assim também havia uns e outros sujeitos decentes no corpo da guarda.

Sem dúvida, a vida no campo de concentração ensejava o rompimento de um abismo nas profundezas extremas do ser humano. Não deveria surpreender-nos o fato de que essas profundezas punham a descoberto simplesmente a natureza humana, o ser humano como ele é – uma liga do bem e do mal! A ruptura que perpassa toda a existência humana e distingue bem e mal alcança mesmo as mais extremas profundezas e se revela até no fundo desse abismo aberto pelo campo de concentração.

Ficamos conhecendo o ser humano como talvez nenhuma geração humana antes de nós. O que é, então, um ser humano? É o ser que sempre *decide* o que ele é. É o ser que inventou as câmaras de gás; mas é também aquele ser que entrou nas câmaras de gás, ereto, com uma oração nos lábios.

A terceira fase: após a libertação

Voltamo-nos agora para a terceira parte da psicologia do campo de concentração – a psicologia do prisioneiro recém-liberto.

Dada a natureza do assunto, a descrição da experiência de libertação já não poderá ser impessoal. Começamos por aquele ponto em nosso relato em que, após dias da mais intensa expectativa, tremulava certa manhã a bandeira branca no portão do campo. Essa altíssima tensão psíquica foi sucedida por uma distensão interior total. Quem pensa que nossa alegria foi geral está redondamente enganado. O que realmente aconteceu?

Os companheiros arrastam-se a passos lentos em direção ao portão do campo. As pernas mal e mal os sustentam. Olham timidamente em volta, cada qual encara o outro com uma pergunta nos olhos. Dão os primeiros passos temerosos para fora do campo de concentração. Desta feita não se ouve nenhuma voz de comando, ninguém tenta esquivar-se de um soco ou pontapé. Ah não, desta vez os guardas oferecem cigarros. A gente não os reconhece de saída, pois entrementes se apressaram em vestir-se à paisana. Vamos andando devagar, seguindo pela estrada de acesso. Nossas pernas já começam a doer, ameaçando falhar em sua função. Vamos nos arrastando, queremos ver pela primeira vez os arredores do campo de concentração, ou melhor, vê-los pela primeira vez como pessoas livres. Damos os primeiros passos em direção à natureza e entramos para a liberdade. "Para a liberdade", vamos dizendo, e o repetimos várias vezes em pensamento; mas simplesmente não se consegue apreendê-lo. Em tantos anos de sonhos e de saudades, o termo liberdade ficara muito gasto. Seu conceito perdera os contornos. Confrontado com a realidade, ele se confunde. A nova realidade ainda não consegue penetrar direito no consciente. Simplesmente não se consegue apreendê-la ainda.

Chega-se a um campo. Nele se veem flores. Toma-se conhecimento de tudo isso, mas não se chega a "senti-lo". A primeira centelha de alegria salta ao se perceber um galo de vistosa cauda multicor. Mas fica nisto: nessa centelha de alegria, e ainda não se participa do mundo. A gente senta-se debaixo de um castanheiro sobre um pequeno banco; só Deus sabe a expressão do rosto naquela hora. Em todo caso: o mundo continua sem nos causar impressão.

À noitinha, quando voltam a se reunir os companheiros em seu velho barracão, um chega para o outro e lhe pergunta às escondidas: "Diga-me uma coisa – você chegou a ficar contente hoje?". O outro responde: "Para ser franco, não!". E fica envergonhado, porque não sabe que com todos é assim. Literalmente, desaprendemos o sentimento de alegria. Será necessário aprender de novo a alegrar-se.

Sob o ponto de vista psicológico, pode-se chamar de verdadeira despersonalização aquilo que os companheiros libertos experimentaram. Tudo parece irreal e improvável. Tudo parece apenas um sonho. Ainda não se consegue acreditá-lo. Foram demais, muito demais as vezes em que o sonho nos iludiu nesses últimos anos. Quantas vezes sonhamos que viria este dia em que nos poderíamos movimentar livremente? Quantas vezes sonhamos estar chegando em casa para abraçar a esposa, saudar os amigos, sentar com eles à mesa e começar a contar tudo aquilo que se passou durante esses anos? Quantas vezes antecipamos em sonhos esse dia de reencontros – e agora, realmente teria chegado esse momento? Sempre havia três silvos estridentes ferindo o ouvido, dando o comando de "levantar", arrancando a gente do sonho, da liberdade, e como mero sonho se revelava pela enésima vez. E agora deveríamos acreditar, de uma hora para a outra? Agora essa liberdade seria realidade *verdadeira?*

Mas é isso mesmo, um dia. O corpo não tem tantas inibições como a alma. A partir do primeiro instante em que se lhe abre a possibilidade, ele aproveita a realidade e deita a mão nela, literalmente: a gente come a não poder mais, horas a fio, a metade da noite. Incrível o quanto se consegue comer. Um ou outro recluso liberto é convidado por agricultores amáveis nas proximidades do campo, e então ele come, e toma café, e solta sua língua, e começa a contar coisas, horas e horas a fio. Descarrega-se a pressão que estava sobre ele durante tantos anos. A forma de contar dá a impressão de que a pessoa em questão estaria sob uma espécie de compulsão psicológica, tanta é a ânsia de contar, a necessidade de falar. (Pude observar esse fenômeno também em pessoas que, mesmo por pouco tempo, estiveram sob pressão muito grande, como, por exemplo, em interrogatórios da Gestapo.)

Passam-se dias, muitos dias, até que se solte não somente a língua, mas também algo dentro da gente. De repente o sentimento abre uma brecha naquela estranha barreira repressiva que o recalcara. E então, dias após a libertação, vais andando pelo campo livre, atravessando campinas floridas, rumo a um lugarejo nos arredores do campo de concentração; cotovias se alçam para as alturas e ouves seu canto de alegria que ressoa no alto do ar livre. Em toda a volta não se enxerga vivalma. O que te cerca é campo aberto, a terra, o céu, o regozijo das cotovias e o espaço livre; nada mais. Interrompes tua caminhada nesse espaço livre, paras, olhas ao redor e olhas para o alto – e te prostras de joelhos. Nesse momento não sabes muito de ti mesmo nem muito sobre o mundo. Dentro de ti apenas ouves as palavras, e sempre as mesmas palavras: "Na angústia gritei para o Senhor, e ele me respondeu no espaço livre". – Quanto tempo ficaste ali ajoelhado? Quantas vezes repetiste aquelas palavras? A lembrança já não o sabe dizer... Mas naquele dia, naquela hora, começou tua nova vida – isso sabes. E é passo a passo, não de outro modo, que entras nessa nova vida, tornas a ser pessoa.

O alívio da tensão

O caminho que vai da alta tensão psicológica dos últimos dias no campo de concentração, o caminho de volta dessa guerra de nervos para a paz da alma, não é, de forma alguma, livre de empecilhos. Está enganado quem acreditar que o recém-liberto do campo de concentração dispensa qualquer assistência psicológica.

Em primeiro lugar, é preciso considerar que uma pessoa que esteve sob a incrível tensão psicológica de um campo de concentração por tempo prolongado, mesmo após a libertação, naturalmente está ameaçada por certos perigos psicológicos, justamente por causa da "descompressão" repentina. Esses perigos não são outra coisa (em termos de saúde mental) que o equivalente psicológico da doença do mergulhador. Assim como o trabalhador submerso corre perigo de ordem fisiológica caso abandonar repentinamente a câmara de mergulho (onde ele se encontra sob enorme pressão atmosférica), da mesma forma a pessoa subitamente aliviada de enorme pressão psicológica poderá ser prejudicada em sua saúde espiritual e mental.

Principalmente no caso de pessoas com natureza mais primitiva, podia-se observar muitas delas, durante essa fase psicológica, que em sua atitude psíquica continuavam vivendo sob a condição do poder e da violência, só que, uma vez libertas, agora pensavam ser sua vez de usar o poder e a liberdade de forma arbitrária, desenfreada e irrefletida. Para essas pessoas primitivas, nada mudou a não ser o sinal: de negativo para positivo. Se antes eram *objetos* do poder, da violência, da arbitrariedade e da injustiça, essas pessoas agora viravam *sujeitos* dentro das mesmas categorias. Ainda não se desprenderam daquilo por que passaram. Manifestam isso em detalhes aparentemente sem importância. Por exemplo, um companheiro e eu caminhamos reto, cruzando os campos em direção à prisão da qual há pouco fomos libertados; de repente nos vemos diante de uma lavoura recém-germinada. Automaticamente quero desviar dela. Ele, entretanto, me pega pelo braço e me impele reto em frente. Balbuciei algo de que não se deve pisar a brotadura. Aí ele se exalta. Com olhar ameaçador grita: "O quê? E o que fizeram conosco? Liquidaram minha mulher e meu filho na câmara de gás – isto, para não falar do resto – e tu queres proibir que eu esmague uns talos de aveia?...".

Somente aos poucos se consegue levar essas pessoas a reencontrar a verdade, tão trivial, de que ninguém tem o direito de praticar injustiça, nem mesmo aquele que sofreu injustiça. Precisamos trabalhar no sentido de levar essas pessoas ao reencontro dessa verdade, pois a inversão da mesma facilmente poderia trazer consequências piores do que a perda de alguns milhares de grãos de aveia para um agricultor desconhecido. Pois ainda vejo à minha frente aquele companheiro do nosso campo que arregaçou a manga e com a direita em riste debaixo do meu nariz gritou na minha cara: "Podem decepar esta mão se eu não a manchar de sangue no dia em que chegar em casa!...". E quero enfatizar que o homem que disse isso, em si, não era um sujeito ruim. Sempre foi, no campo de concentração e depois, o melhor dos companheiros. Além da deformação que ameaça a pessoa repentinamente liberta da pressão psicológica, ainda existem duas outras experiências fundamentais que podem colocá-la em perigo, prejudicá-la e deformá-la sob o ponto de vista caracterológico. São a amargura e a decepção da pessoa que, livre, volta à sua vida antiga. A amargura é provocada por experiências diversas nos contatos com outras pessoas no antigo ambiente de vida de quem sai do campo de concentração. Ao voltar para casa, ela constata que muitos não reagem de outra forma do que simplesmente encolhendo os ombros ou dando de si frases baratas. Em vista disso, não raro, ela é tomada de amargura, surgindo dentro de si a pergunta de para que teria sofrido tudo aquilo. Não ouvindo outra coisa a não ser as costumeiras evasivas: "Nós não sabíamos de nada", ou "nós também sofremos...", ela fica se perguntando se isso é realmente tudo o que os outros lhe conseguem dizer...

Algo diferente é a experiência fundamental da decepção. Neste caso não se trata da revolta interior contra a superficialidade e inércia do coração da outra pessoa que faz a gente querer sumir deste mundo para não precisar ver nem ouvir mais nada... Na experiência da decepção, a pessoa sente-se à mercê do destino. Durante anos a fio a pessoa acreditou ter chegado ao ponto mais baixo possível do sofrimento, mas constata agora que, de alguma forma, o sofrimento não tem fundo, que aparentemente não existe o ponto baixo absoluto, e as coisas podem piorar cada vez mais, descer cada vez mais...

Antes, ao tratarmos as tentativas de reerguer psicologicamente a pessoa que está no campo de concentração, dissemos que era preciso orientá-la para um alvo no futuro, lembrá-la sempre de novo que a vida estaria esperando por ela, que havia alguém esperando por ela. E depois? Depois acaba havendo um ou outro que precisa constatar que não há mais ninguém a esperar por ele...

Ai daquele para quem não existe mais a razão das suas forças no campo de concentração – o ente querido. Ai daquele que experimenta na realidade aquele momento que sonhou mil vezes, e o momento vem diferente, completamente diferente do que fora imaginado. A pessoa pega o bonde, vai até aquela casa que por anos a fio imaginava diante de si e aperta a campainha – bem assim como tanto desejara em seus mil sonhos... Mas quem abre a porta não é a pessoa que deveria abri-la – ela jamais voltará a lhe abrir a porta...

Todos no campo de concentração sabíamos e dizíamos um ao outro: não há felicidade sobre a terra capaz de compensar nosso sofrimento. Não esperávamos felicidade – não era isso que nos sustentava e conferia um sentido ao nosso sofrimento, ao nosso sacrifício e ao nosso morrer. E, contudo, não estávamos preparados para – a infelicidade. Essa desilusão, que esperava grande parte dos prisioneiros, foi, para muitos deles, uma experiência difícil de superar – e era difícil mesmo para um psicoterapeuta enfrentá-la no tratamento do paciente. Essa observação, no entanto, não deveria desanimar o psicoterapeuta. Ao contrário, a dificuldade deve resultar em estímulo, pois constitui desafio e tarefa.

De uma forma ou de outra, para cada um dos libertos chegará o dia em que, contemplando em retrospecto a experiência do campo de concentração, terá uma estranha sensação. Ele mesmo não conseguirá mais entender como foi capaz de suportar tudo aquilo que lhe foi exigido no campo de concentração. E se houve um dia em sua vida em que a liberdade lhe parecia um lindo sonho, virá também o dia em que toda a experiência sofrida no campo de concentração lhe parecerá um mero pesadelo. Essa experiência do libertado, porém, é coroada pelo maravilhoso sentimento de que nada mais precisa temer neste mundo depois de tudo o que sofreu – a não ser seu Deus.

II

Conceitos fundamentais da logoterapia

Leitores da minha breve narração autobiográfica costumam pedir uma explicação mais completa e específica sobre minha doutrina terapêutica. Para vir ao seu encontro, acrescentei à edição original de "Do Campo de Extermínio ao Existencialismo" um breve resumo sobre logoterapia. Mas isso não foi suficiente, e tenho sido assediado por muitos que solicitam um tratamento mais detalhado da matéria. Por esse motivo reescrevi por completo e ampliei consideravelmente o meu relato na presente edição.

Não foi tarefa fácil. Transmitir ao leitor, dentro de um espaço restrito, todo o material que ocupa vinte volumes em língua alemã – é empreendimento quase impossível. Isso me lembra aquele médico americano que, certa vez, apareceu em minha clínica em Viena e perguntou: "Então, doutor, o senhor é psicanalista?" Ao que respondi: "Não bem psicanalista. Digamos um psicoterapeuta". Continuou ele: "Qual a escola que o senhor representa?" Respondi: "É minha própria teoria. Chama-se *logoterapia*". "Poderia o senhor dizer-me, numa única sentença, o que quer dizer logoterapia, ao menos qual a diferença entre psicanálise e logoterapia?" "Sim", repliquei, "mas, em primeiro lugar, pode o senhor dizer-me com uma só sentença o que pensa ser a essência da psicanálise?" Eis sua resposta: "Durante a psicanálise, o paciente precisa deitar-se num sofá e contar coisas que, às vezes, são muito desagradáveis de se contar". Ao que retruquei imediatamente com o seguinte improviso: "Bem, na logoterapia o paciente pode ficar sentado normalmente, mas precisa ouvir certas coisas que, às vezes, são muito desagradáveis de se ouvir".

É claro que eu disse isso na brincadeira, sem a intenção de fornecer uma fórmula concentrada da logoterapia. Entretanto, ela não deixa de ter sua razão, uma vez que, se comparada à psicanálise, a logoterapia é menos *retrospectiva* e menos *introspectiva.* A logoterapia concentra-se mais no futuro, ou seja, nos sentidos a serem realizados pelo paciente em seu futuro. (A logoterapia é, de fato, uma psicoterapia centrada no sentido.) Ao mesmo tempo, a logoterapia tira do foco de atenção todas aquelas formações tipo círculo vicioso e mecanismos retroalimentadores que desempenham papel tão importante na criação de neuroses. Assim, é quebrado o autocentrismo *(self-centeredness)* típico do neurótico, ao invés de se fomentá-lo e reforçá-lo constantemente.

Obviamente, essa formulação simplifica demais as coisas; mesmo assim, a logoterapia, de fato, confronta o paciente com o sentido de sua vida e o reorienta para o mesmo. E torná-lo consciente desse sentido pode contribuir em muito para sua capacidade de superar a neurose.

Quero explicar por que tomei o termo "logoterapia" para designar minha teoria. O termo *"logos"* é uma palavra grega e significa "sentido"! A logoterapia, ou, como tem sido chamada por alguns autores, a "Terceira Escola Vienense de Psicoterapia", concentra-se no sentido da existência humana, bem como na busca da pessoa por esse sentido. Para a logoterapia, a busca de sentido na vida da pessoa é a principal força motivadora no ser humano. Por essa razão costumo falar de uma *vontade de sentido,* a contrastar com o princípio do prazer (ou, como também poderíamos chamá-lo, a *vontade de prazer),* no qual repousa a psicanálise freudiana, e contrastando ainda com a *vontade de poder,* enfatizada pela psicologia adleriana por meio do uso do termo "busca de superioridade".

A vontade de sentido

A busca do indivíduo por um sentido é a motivação primária em sua vida, e não uma "racionalização secundária" de impulsos instintivos. Esse sentido é exclusivo e específico, uma vez que precisa e pode ser cumprido somente por aquela determinada pessoa. Somente então esse sentido assume uma importância que satisfará sua própria *vontade* de sentido. Alguns autores sustentam que sentidos e valores são "nada mais que mecanismos de defesa, formações reativas e sublimações". Mas, pelo que toca a mim, eu não estaria disposto a viver em função dos meus "mecanismos de defesa". Tampouco estaria pronto a morrer simplesmente por amor às minhas "formações reativas". O que acontece, porém, é que o ser humano é capaz de viver e até de morrer por seus ideais e valores!

Anos atrás, realizou-se na França uma pesquisa de opinião pública. Os resultados mostraram que 89% das pessoas consultadas admitiram que o indivíduo precisa de "algo" em função do qual viver. E 61% admitiram haver algo ou alguém em suas próprias vidas pelo qual estariam até prontas a morrer. Repeti essa pesquisa na minha clínica em Viena, entre pacientes e funcionários, e o resultado foi praticamente igual àquele obtido entre milhares de pessoas pesquisadas na França; a diferença foi de apenas 2%.

Outra pesquisa estatística, com dados de 7.948 alunos, em 48 universidades, foi conduzida por cientistas sociais da Universidade John Hopkins. Seu informe preliminar é parte de um estudo de dois anos patrocinado pelo Instituto Nacional de Saúde Mental. Perguntados sobre o que consideravam "muito importante" para eles naquele momento, 16% dos estudantes responderam "ganhar muito dinheiro", 78% afirmaram que o seu principal objetivo era "encontrar um propósito e sentido para minha vida".

Naturalmente, pode haver casos em que a preocupação de um indivíduo com valores é, na realidade, uma camuflagem de conflitos interiores ocultos; mas esses casos são, antes, exceções à regra, e não a regra em si. Nesses casos realmente temos que lidar com pseudovalores, e como tais eles terão que ser desmascarados. O desmascaramento, entretanto, deveria cessar no momento em que nos deparamos com o que é autêntico e genuíno na pessoa, como, por exemplo, o desejo do ser humano por uma vida, tanto quanto possível, dotada de sentido. Caso não parar ali, a única coisa que o "psicólogo desmascarador" realmente desmascara é seu próprio "motivo oculto" – a saber, sua necessidade inconsciente de degradar e depreciar o que é genuíno, o que é genuinamente humano no ser humano.

Frustração existencial

A vontade de sentido também pode ser frustrada; nesse caso a logoterapia fala de "frustração existencial". O termo "existencial" pode ser usado de três maneiras: referindo-se (1) à *existência* em si mesma, isto é, ao modo especificamente humano de ser; (2) ao *sentido* da existência; (3) à busca por um sentido concreto na existência pessoal, ou seja, à *vontade* de sentido.

Frustração existencial também pode resultar em neuroses. Para esse tipo de neuroses, a logoterapia cunhou o termo "neuroses noogênicas", a contrastar com as neuroses na significação habitual da palavra, isto é, as neuroses psicogênicas. As neuroses noogênicas têm sua origem não na dimensão psicológica, mas antes na dimensão "noológica" (do termo grego *noos* que significa "mente") da existência humana. Esse é outro conceito logoterapêutico que designa qualquer coisa pertinente à dimensão especificamente humana.

Neuroses noogênicas

As neuroses noogênicas não surgem de conflitos entre impulsos e instintos, mas de problemas existenciais. Entre esses problemas, a frustração da vontade de sentido desempenha papel central.

É óbvio que, em casos noogênicos, a terapia apropriada e adequada não é a psicoterapia de um modo geral, mas antes a logoterapia; ou seja, uma terapia que ousa penetrar na dimensão especificamente humana.

Quero citar um exemplo. Um diplomata americano de alto escalão dirigiu-se a meu consultório em Viena a fim de continuar o tratamento psicanalítico iniciado cinco anos antes com um analista em Nova Iorque. Logo de início perguntei-lhe por que ele pensava que deveria ser analisado, por que, em si, começara com a análise. Revelou-se que o paciente estava descontente com sua carreira e tinha extrema dificuldade em concordar com a política exterior dos Estados Unidos. Seu analista, no entanto, lhe havia dito repetidamente que ele devia tentar reconciliar-se com seu pai, porque o governo dos Estados Unidos bem como seus superiores eram "nada mais" que imagens paternas, e, consequentemente, a insatisfação com seu emprego se devia ao ódio inconsciente contra o pai. Uma análise que já vinha durando cinco anos induzira o paciente a aceitar cada vez mais as interpretações de seu analista, até que, de tantas árvores de símbolos e imagens, ele não mais conseguiu ver a floresta da realidade. Após algumas poucas entrevistas, ficou claro que sua vontade de sentido estava sendo frustrada por sua profissão e que ele na realidade ansiava engajar-se em outra espécie de trabalho. Como não tinha motivo para ele não largar sua profissão e abraçar outra, assim o fez, com os mais gratificantes resultados. Em sua nova ocupação, ele está satisfeito já faz mais de cinco anos, conforme relatou há pouco tempo. Duvido que nesse caso eu estivesse lidando com um estado neurótico, e essa é a razão por que pensei que ele não precisava de qualquer psicoterapia, nem mesmo de logoterapia, pela simples razão de, na realidade, nem ser um paciente. Nem todo conflito é necessariamente neurótico; certa dose de conflito é normal e sadia. De forma similar, o sofrimento não é sempre um fenômeno patológico; em vez de sintoma de neurose, o sofrimento pode ser perfeitamente uma realização humana, especialmente se o sofrimento emana de frustração existencial. Eu negaria categoricamente que a busca por um sentido para a existência da pessoa, ou mesmo sua dúvida a respeito, sempre provenha de alguma doença ou mesmo resulte em doença. A frustração existencial em si mesma não é patológica nem patogênica. A preocupação ou mesmo o desespero da pessoa sobre se a sua vida vale a pena ser vivida é uma *angústia existencial,* mas de forma alguma uma *doença mental.* É bem possível que interpretar aquela em termos desta motive um médico a soterrar o desespero existencial do seu paciente debaixo de um monte de tranquilizantes. Sua função, no entanto, é guiar o paciente através das suas crises existenciais de crescimento e desenvolvimento.

A logoterapia considera sua tarefa ajudar o paciente a encontrar sentido em sua vida. Na medida em que a logoterapia o conscientiza do *logos* oculto de sua existência, trata-se de um processo analítico. Até esse ponto a logoterapia se assemelha à psicanálise. Entretanto, quando a logoterapia procura tornar algo novamente consciente, ela não restringe sua atividade a fatos *instintivos* dentro do inconsciente do indivíduo, mas se preocupa também com realidades *existenciais,* tais como o sentido em potencial de sua existência a ser realizado, bem como sua *vontade* de sentido. Qualquer análise, porém, mesmo que se abstenha de incluir a dimensão noológica em seu processo terapêutico, procura tornar o paciente consciente daquilo por que ele realmente anseia na profundidade do seu ser. A logoterapia diverge da psicanálise na medida em que considera o ser humano um ente cuja preocupação principal consiste em realizar um sentido, e não na mera gratificação e satisfação de impulsos e instintos, ou na mera reconciliação das exigências conflitantes de id, ego e superego, ou na mera adaptação e no ajustamento à sociedade e ao meio ambiente.

Noodinâmica

A busca de sentido certamente pode causar tensão interior em vez de equilíbrio interior. Entretanto, justamente essa tensão é um pré-requisito indispensável para a saúde mental. Ouso dizer que nada no mundo contribui tão efetivamente para a sobrevivência, mesmo nas piores condições, como saber que a vida da gente tem um sentido. Há muita sabedoria nas palavras de Nietzsche: "Quem tem *por que* viver suporta quase qualquer *como*". Nessas palavras vejo um lema válido para qualquer psicoterapia. Nos campos de concentração nazistas, poder-se-ia ter testemunhado que aqueles que sabiam que havia uma tarefa esperando por eles tinham as maiores chances de sobreviver. Outros autores de livros sobre campos de concentração chegaram à mesma conclusão, assim como investigações psiquiátricas sobre acampamentos com prisioneiros de guerra no Japão, Coreia do Norte e Vietnã do Norte.

Quanto a mim, quando fui levado para o campo de concentração em Auschwitz, um manuscrito meu, pronto para publicação, foi confiscado[1]. Não há dúvida de que meu profundo desejo de reescrevê-lo me ajudou a sobreviver os rigores dos campos de concentração em que estive. Assim, por exemplo, quando fui atacado pela febre do tifo, rabisquei muitos apontamentos em

---

1 Trata-se da primeira versão do meu primeiro livro, cuja tradução inglesa foi publicada em 1955 por Alfred A. Knopf, Inc., New York, sob o título *The Doctor and the Soul;* an Introduction to Logotherapy.

pedacinhos de papel para depois conseguir reescrever o manuscrito, caso vivesse até o dia da libertação. Tenho certeza de que essa reconstrução do meu manuscrito perdido, levada a cabo na penumbra dos barracões de um campo de concentração na Baviera, ajudou-me a superar o perigo de um colapso cardiovascular.

Pode-se ver, assim, que a saúde mental está baseada em certo grau de tensão, tensão entre aquilo que já se alcançou e aquilo que ainda se deveria alcançar, ou o hiato entre o que se é e o que se deveria vir a ser. Essa tensão é inerente ao ser humano e por isso indispensável ao bem-estar mental. Não deveríamos, então, hesitar em desafiar a pessoa com um sentido em potencial a ser por ela realizado. Somente assim despertaremos do estado latente sua vontade de sentido. Considero perigosa e errônea a noção de higiene mental que pressupõe que a pessoa necessita em primeiro lugar de equilíbrio, ou, como se diz na biologia, de "homeostase", ou seja, de um estado livre de tensão. O que o ser humano realmente precisa não é um estado livre de tensões, mas antes a busca e a luta por um objetivo que valha a pena, uma tarefa escolhida livremente. O que ele necessita não é a descarga de tensão a qualquer custo, mas antes o desafio de um sentido em potencial à espera de seu cumprimento. O ser humano precisa não de homeostase, mas daquilo que chamo de "noodinâmica", isto é, da dinâmica existencial num campo polarizado de tensão, onde um polo está representado por um sentido a ser realizado e o outro polo, pela pessoa que deve realizá-lo. E ninguém pense que isso é válido somente para situações normais; isso vale mais ainda para indivíduos neuróticos. Quando os arquitetos querem reforçar uma arcada que ameaça desabar, eles *aumentam* a carga por ela sustentada, pois com isso os componentes são ligados mais firmemente. Da mesma forma, quando os terapeutas desejam incrementar a saúde mental de seus pacientes, não deveriam ter receios de criar uma sadia quantidade de tensão por meio da reorientação para o sentido da sua vida.

Uma vez mostrado o impacto benéfico da orientação para o sentido, volto-me agora para a perniciosa influência daquela sensação da qual se queixam tantos pacientes hoje em dia, ou seja, da total e extrema falta de sentido de suas vidas. Eles carecem da consciência de um sentido pelo qual valesse a pena viver. Sentem-se perseguidos pela experiência de seu vazio interior, de um vazio dentro de si mesmos; estão presos na situação que tenho chamado de "vazio existencial".

O vazio existencial

O vazio existencial é um fenômeno muito difundido no século XX. Isso é compreensível; pode ser atribuído a uma dupla perda sofrida pelo ser humano desde que se tornou um ser verdadeiramente humano. No início da história, o ser humano foi perdendo alguns dos instintos animais básicos que regulam o comportamento do animal e asseguram sua existência. Tal segurança, assim como o paraíso, está cerrada ao ser humano para todo o sempre. Ele precisa fazer opções. Acresce-se ainda que o ser humano sofreu mais outra perda em seu desenvolvimento mais recente. As tradições, que serviam de apoio para seu comportamento, atualmente vêm diminuindo com grande rapidez. Nenhum instinto lhe diz o que deve fazer e não há tradição que lhe diga o que ele deveria fazer; às vezes, ele não sabe sequer o que deseja fazer. Em vez disso, ele deseja fazer o que os outros fazem (conformismo), ou ele faz o que outras pessoas querem que ele faça (totalitarismo).

Um levantamento estatístico recente revelou que, entre os meus alunos europeus, 25% mostravam um grau mais ou menos acentuado de vazio existencial. Entre meus alunos norte-americanos, a porcentagem não era de 25, mas de 60%.

O vazio existencial manifesta-se principalmente num estado de tédio. Agora podemos entender por que Schopenhauer disse que, aparentemente, a humanidade estava fadada a oscilar eternamente entre os dois extremos de angústia e tédio. É fato concreto que atualmente está causando e certamente trazendo aos psiquiatras mais problemas do que o faz a angústia. E esses problemas estão se tornando cada vez mais agudos, uma vez que o crescente processo de automação provavelmente conduzirá a um aumento enorme das horas de lazer do trabalhador médio. É lastimável que muitos deles não saberão o que fazer com esse tempo livre adicional.

Pensemos, por exemplo, na "neurose dominical", aquela espécie de depressão que acomete pessoas que se dão conta da falta de conteúdo de suas vidas quando passa o corre-corre da semana atarefada e o vazio dentro delas se torna manifesto. Não são poucos os casos de suicídio que podem ser atribuídos a esse vazio existencial. Fenômenos tão difundidos como depressão, agressão e vício não podem ser entendidos se não reconhecermos o vazio existencial subjacente a eles. O mesmo é válido também para crises de aposentados e idosos.

Existem ainda diversas máscaras e disfarces sob os quais transparece o vazio existencial. Às vezes, a vontade de sentido frustrada é vicariamente compensada por uma vontade de poder, incluindo sua mais primitiva forma, que é a vontade de dinheiro. Em outros casos, o lugar da vontade de sentido frustrada é tomado pela vontade de prazer. É por isso que, muitas vezes, a frustração existencial acaba em compensação sexual. Podemos observar nesses casos que a libido sexual assume proporções descabidas no vazio existencial.

Algo análogo ocorre em casos de neurose. Existem certos tipos de mecanismos retroalimentadores e de configurações tipo círculo vicioso que ainda discutirei abaixo. Pode-se observar em casos e mais casos, entretanto, que essa sintomatologia invadiu um vazio existencial no qual ela continua em plena florescência. No caso desses pacientes, não estamos lidando com neuroses noogênicas. Entretanto, jamais conseguiremos que o paciente supere sua condição se não suplementarmos o tratamento psicoterápico com logoterapia. Isso porque, ao se preencher o vazio existencial, o paciente estará prevenido contra recaídas futuras. Por isso a logoterapia é indicada não só em casos noogênicos, como foi ressaltado aqui, mas também em casos psicogênicos e, às vezes, mesmo em "(pseudo) neuroses somatogênicas". Sob essa luz se justifica uma afirmação feita, certa vez, por Magda B. Arnold: "Toda terapia precisa, de algum modo, por mais restrita que seja, ser também logoterapia"[2].

Vejamos o que se pode fazer quando um paciente pergunta qual *é,* afinal, o sentido da sua vida.

O sentido da vida

Duvido que um médico possa responder a essa questão em termos genéricos. Isso porque o sentido da vida difere de pessoa para pessoa, de um dia para outro, de uma hora para outra. O que importa, por conseguinte, não é o sentido da vida de um modo geral, mas antes o sentido específico da vida de uma pessoa em dado momento. Formular essa questão em termos gerais seria comparável a perguntar a um campeão de xadrez: "Diga-me, mestre, qual o melhor lance do mundo?" Simplesmente não existe algo como o melhor lance ou um bom lance à parte de uma situação específica num jogo e da personalidade peculiar do adversário. O mesmo é válido para a existência humana.

---

2 ARNOLD, Magda B.; GASSON, John A. *The Human Person.* New York: The Ronald Press Company, 1954. p. 618.

Não se deveria procurar um sentido abstrato da vida. Cada qual tem sua própria vocação ou missão específica na vida; cada um precisa executar uma tarefa concreta, que está a exigir realização. Nisso a pessoa não pode ser substituída, nem pode sua vida ser repetida. Assim, a tarefa de cada um é tão singular como a sua oportunidade específica de levá-la a cabo.

Uma vez que cada situação na vida constitui um desafio para a pessoa e lhe apresenta um problema para resolver, pode-se, a rigor, inverter a questão pelo sentido da vida. Em última análise, a pessoa não deveria perguntar qual o sentido da sua vida, mas antes deve reconhecer que é *ela* que está sendo indagada. Em suma, cada pessoa é questionada pela vida; e ela somente pode responder à vida *respondendo por* sua própria vida; à vida ela somente pode responder sendo responsável. Assim, a logoterapia vê na responsabilidade *(responsibleness)* a essência propriamente dita da existência humana.

A essência da existência

Essa ênfase sobre a responsabilidade reflete-se no imperativo categórico da logoterapia: "Viva como se já estivesse vivendo pela segunda vez, e como se na primeira vez você tivesse agido tão errado como está prestes a agir agora". Parece-me que nada estimula tanto o senso de responsabilidade de uma pessoa como essa máxima, a qual a convida a imaginar primeiro que o presente é passado e, em segundo lugar, que o passado ainda pode ser alterado e corrigido. Semelhante preceito confronta-a com a *finitude* da vida e com o *caráter irrevogável (finality)* daquilo que ela faz de sua vida e de si mesma.

A logoterapia procura criar no paciente uma consciência plena de sua própria responsabilidade; por isso precisa deixar que ele opte pelo que, perante que ou perante quem ele se julga responsável. Eis por que um logoterapeuta é, dentre todos os psicoterapeutas, o que menos se vê tentado a impor julgamentos de valor a seus pacientes, porque jamais lhes permitirá transferir ao médico a responsabilidade de julgar.

Por isso é o paciente quem decide se deve interpretar a tarefa de sua vida como sendo responsável perante a sociedade ou perante sua própria consciência. Há pessoas, no entanto, que não interpretam suas vidas simplesmente como uma tarefa a elas designada, mas também em função do contramestre que lhes atribuiu a tarefa.

A logoterapia não é instrução nem pregação. Ela está tão distante do raciocínio lógico como da exortação moral. Em linguagem figurada, o papel do logoterapeuta é antes o de um oculista que de um pintor. O pintor procura transmitir-nos uma imagem do mundo como ele o vê; o oftalmologista procura capacitar-nos a enxergar o mundo como ele é na realidade. O papel do logoterapeuta consiste em ampliar e alargar o campo visual do paciente de modo que todo o espectro de sentido em potencial se torne consciente e visível para ele.

Ao declarar que o ser humano é uma criatura responsável e precisa realizar o sentido potencial de sua vida, quero salientar que o verdadeiro sentido da vida deve ser descoberto no mundo, e não dentro da pessoa humana ou de sua psique, como se fosse um sistema fechado. Chamei essa característica constitutiva de "a autotranscendência da existência humana". Ela denota o fato de que o ser humano sempre aponta e se dirige para algo ou alguém diferente de si mesmo – seja um sentido a realizar ou outro ser humano a encontrar. Quanto mais a pessoa esquecer de si mesma – dedicando-se a servir uma causa ou a amar outra pessoa –, mais humana será e mais se realizará. O que se chama de autorrealização não é de modo algum um objetivo atingível, pela simples razão de que quanto mais a pessoa se esforçar, tanto mais deixará de atingi-lo. Em outras palavras, a autorrealização só é possível como um efeito colateral da autotranscendência.

Até aqui mostramos que o sentido da vida sempre se modifica, mas jamais deixa de existir. De acordo com a logoterapia, podemos descobrir esse sentido na vida de três diferentes formas: 1. criando um trabalho ou praticando um ato; 2. experimentando algo ou encontrando alguém; 3. pela atitude que tomamos em relação ao sofrimento inevitável. A primeira, o caminho da realização, é bastante óbvia. A segunda e a terceira necessitam de uma melhor elaboração.

A segunda maneira de encontrar um sentido na vida é experimentando algo – como a bondade, a verdade e a beleza –, experimentando a natureza e a cultura ou, ainda, experimentando outro ser humano em sua originalidade única – amando-o.

O sentido do amor

Amor é a única maneira de captar outro ser humano no íntimo da sua personalidade. Ninguém consegue ter consciência plena da essência última de outro ser humano sem amá-la. Por seu amor a pessoa se torna capaz de ver os traços característicos e as feições essenciais do seu amado; mais ainda, ela vê o que está potencialmente contido nele, aquilo que ainda não está, mas deveria ser realizado. Além disso, por meio do seu amor a pessoa que ama capacita a pessoa amada a realizar essas potencialidades. Conscientizando-a do que ela pode ser e do que deveria vir a ser, aquele que ama faz com que essas potencialidades venham a se realizar.

Na logoterapia, o amor não é interpretado como mero epifenômeno[3] de impulsos e instintos no sentido de uma assim chamada sublimação. O amor é um fenômeno tão primário como

---

[3] Fenômeno que ocorre como resultado de um fenômeno primário.

o sexo. Normalmente, sexo é uma modalidade de expressão do amor. O sexo se justifica, e é até santificado, no momento em que for veículo do amor, porém apenas enquanto o for. Desta forma, o amor não é entendido como mero efeito colateral do sexo, mas o sexo é um meio de expressar a experiência daquela união última chamada de amor.

A terceira forma de encontrar um sentido na vida é sofrendo.

O sentido do sofrimento

Não devemos esquecer nunca que também podemos encontrar sentido na vida quando nos confrontamos com uma situação sem esperança, quando enfrentamos uma fatalidade que não pode ser mudada. Porque o que importa, então, é dar testemunho do potencial especificamente humano no que ele tem de mais elevado e que consiste em transformar uma tragédia pessoal num triunfo, em converter nosso sofrimento numa conquista humana. Quando já não somos capazes de mudar uma situação – podemos pensar numa doença incurável, como um câncer que não se pode mais operar –, somos desafiados a mudar a nós próprios.

Quero citar um exemplo bem claro. Certa vez, um clínico geral de mais idade veio consultar-me por causa de uma depressão muito profunda. Ele não conseguia superar a perda de sua mulher, que falecera fazia dois anos e a qual ele amara acima de tudo. Bem, como poderia eu ajudá-lo? Que poderia lhe dizer? Abstive-me de lhe dizer qualquer coisa e, ao invés, confrontei-o com a pergunta: "Que teria acontecido, doutor, se o senhor tivesse falecido primeiro e sua esposa tivesse que lhe sobreviver?" "Ah", disse ele, "isso teria sido terrível para ela; ela teria sofrido muito!" Ao que retruquei: "Veja bem, doutor, ela foi poupada desse sofrimento e foi o senhor que a poupou dele; mas agora o senhor precisa pagar por isso, sobrevivendo a ela e chorando sua morte". Ele não disse uma palavra, apertou minha mão e calmamente deixou meu consultório. Sofrimento de certo modo deixa de ser sofrimento no instante em que encontra um sentido, como o sentido de um sacrifício.

É claro que essa não foi propriamente uma terapia, uma vez que, em primeiro lugar, seu desespero não era nenhuma doença; em segundo, eu não podia alterar sua sina, não podia ressuscitar sua esposa. Mas o que eu consegui naquele momento foi mudar sua *atitude* frente ao destino inalterável, visto que a partir daquela ocasião ele pelo menos podia ver um sentido em seu sofrimento. Um dos princípios fundamentais da logoterapia está em que a principal preocupação da pessoa não consiste em obter prazer ou evitar a dor, mas antes em ver um sentido em sua vida. Essa é a razão por que o ser humano está pronto até a sofrer, sob a condição, é claro, de que seu sofrimento tenha um sentido.

É preciso deixar perfeitamente claro, no entanto, que o sofrimento não é de modo algum *necessário* para encontrar sentido.

Insisto apenas que o sentido é possível mesmo a despeito do sofrimento – desde que, naturalmente, o sofrimento seja inevitável. Se ele *fosse* evitável, no entanto, a coisa significativa a fazer seria eliminar sua causa, fosse ela psicológica, biológica ou política. Sofrer desnecessariamente é ser masoquista, e não heroico.

Edith Weisskopf-Joelson, que em vida foi professora de Psicologia na Universidade da Georgia, afirmou em seu artigo sobre logoterapia que "nossa atual filosofia de higiene mental acentua a ideia de que as pessoas deveriam ser felizes, que infelicidade é sintoma de desajuste. Esse sistema de valores poderia ser responsável pela circunstância de o fardo da infelicidade inevitável ser acrescido da infelicidade pelo fato de a pessoa ser infeliz"[4]. Em outro ensaio, ela manifesta esperança de que a logoterapia "possa ajudar a reagir contra certas tendências pouco sadias na atual cultura dos Estados Unidos, em que o sofredor incurável recebe muito pouca oportunidade de ter orgulho do seu sofrimento e de o considerar enobrecedor, ao invés de degradante", tanto é que "ele não só é infeliz, mas também tem vergonha de ser infeliz"[5].

Existem situações em que se está impedido de trabalhar ou de gozar a vida; o que, porém, jamais pode ser excluído é a inevitabilidade do sofrimento. Ao aceitar esse desafio de sofrer com bravura, a vida recebe um sentido até seu derradeiro instante, mantendo esse sentido literalmente até o fim. Em outras palavras,

---

4 WEISSKOPF-JOELSON, Edith. Some Comments an a Viennese School of Psychiatry. *The Journal of Abnormal and Social Psychology,* n. 51, p. 701-703, 1955.

5 WEISSKOPF-JOELSON, Edith. Logotherapy and Existential Analysis. *Acta Psychotherapeutica,* n. 6, p. 193-204, 1958.

o sentido da vida é um sentido incondicional, por incluir até o sentido potencial do sofrimento inevitável.

Gostaria de recordar aquilo que foi, talvez, a mais profunda experiência por que passei no campo de concentração. As chances de sair dali com vida não passavam de uma em 28, como se pode verificar facilmente em estatísticas exatas. Não parecia nem mesmo possível, e muito menos provável, que o manuscrito do meu primeiro livro, que ocultei dentro da minha capa ao chegar em Auschwitz, jamais pudesse ser salvo. Assim, tive que sofrer e superar a perda do meu filho espiritual. Parecia agora que nada nem ninguém sobreviveria a mim; nem filho físico nem filho espiritual que fossem meus! Vi-me assim confrontado com a questão de se, dentro dessas circunstâncias, minha vida carecia de qualquer sentido em última análise.

Eu ainda não percebia que uma resposta para essa questão, com que eu estava me debatendo tão desesperadamente, já estava à minha espera e que pouco depois ela me seria dada. Foi quando tive que entregar minha roupa e, em troca, herdei os trapos surrados de um recluso que fora mandado para a câmara de gás, logo depois de sua chegada à estação ferroviária de Auschwitz. Em lugar do grande número de páginas do meu manuscrito, encontrei no bolso da capa recém-adquirida uma única página, arrancada de um livro de orações hebraico, contendo a principal oração judaica, o *Shemá Yisrael.* Como interpretar semelhante "coincidência" senão como desafio no sentido de *viver* meus pensamentos, em vez de simplesmente colocá-los no papel?

Lembro-me que, pouco depois, me pareceu que eu morreria em futuro próximo. Dentro dessa situação crítica, entretanto, eu tinha uma preocupação diferente da maioria dos meus companheiros. A pergunta deles era: "Será que vamos sair com vida do campo de concentração? Caso contrário, todo esse sofrimento não tem sentido". A pergunta que atormentava a mim era: "Será que tem sentido todo esse sofrimento, toda essa morte ao nosso redor? Caso contrário, não faz sentido sobreviver; uma vida cujo sentido depende de semelhante eventualidade – escapar ou não escapar – em última análise, nem valeria a pena ser vivida".

Problemas metaclínicos

Cada vez mais os psiquiatras são procurados por pacientes que os confrontam com problemas humanos e não tanto com sintomas neuróticos. Parte das pessoas que hoje buscam um psiquiatra teria procurado um pastor, sacerdote ou rabino em épocas anteriores. Agora elas frequentemente recusam seu encaminhamento para clérigos e, ao contrário, confrontam o médico com questões como: "Qual é o sentido da minha vida?"

Um logodrama

Gostaria de citar um exemplo. A mãe de um menino que morrera na idade de 11 anos deu entrada em minha clínica após uma tentativa de suicídio. O Dr. Kurt Kocourek convidou-a a participar de um grupo terapêutico. Ocorreu que, nessa ocasião, eu entrei na sala da clínica em que ele dirigia um psicodrama. Ela estava contando sua história. Quando seu filho morreu, ficou sozinha com outro filho, mais velho, que era paralítico, vítima de paralisia infantil. O pobre rapaz estava preso a uma cadeira de rodas. Sua mãe, entretanto, rebelou-se contra o destino dela. Mas quando tentou o suicídio, juntamente com ele, foi o filho paralítico que a impediu; ele gostava de viver! Para ele a vida continuara a ter muito sentido. Por que não se dava o mesmo com sua mãe? Como poderia a vida dela ainda ter um sentido? E como poderíamos ajudá-la a se conscientizar disso?

Improvisando, entrei no diálogo e perguntei à outra mulher no grupo por sua idade, ao que ela respondeu: "Trinta anos". Repliquei: "Não, você agora não está com trinta anos, mas sim com oitenta, deitada no leito da morte. E agora você olha para trás, para sua vida, uma vida sem filhos, mas plena de sucesso financeiro e prestígio social". Convidei-a então a imaginar como ela se sentiria dentro dessa situação. "Que você acha disso? O que vai dizer para si mesma?" Vou citar o que ela realmente disse, de uma fita gravada naquela sessão: "Ah, casei com um milionário, tive uma vida fácil, cheia de riqueza, e aproveitei bem! Flertei com homens, provoquei-os. Mas agora estou com oitenta anos; não tenho filhos próprios. Olhando para trás, como mulher de muita idade, não consigo ver para que foi tudo isso; na realidade, preciso dizer que a minha vida foi um fracasso!"

Convidei então a mulher que tinha o filho paralítico a se imaginar em situação idêntica, repassando *sua* vida. Vejamos o que ela disse, conforme está gravado na fita: "Desejei ter filhos, e esse desejo me foi concedido; um menino morreu, mas o outro, o paralítico, teria sido mandado para uma instituição se eu não tivesse ficado com ele, cuidando dele. Mesmo que ele seja deficiente e completamente dependente, não deixa de ser meu filho. Assim eu fiz com que ele pudesse ter uma vida plena; fiz do meu filho uma pessoa melhor". Nesse ponto, houve uma explosão de lágrimas, e, chorando, ela continuou: "Quanto a mim, posso encarar tranquila minha vida passada; porque posso dizer que minha vida foi rica em sentido e dei duro para realizá-la; fiz o melhor que pude – dei a meu filho o melhor. Minha vida não foi um fracasso!" Encarando sua vida passada como se estivesse no leito da morte, ela repentinamente pôde ver um sentido em sua vida, um sentido que incluía até mesmo todos os seus sofrimentos. Da mesma forma, ficara igualmente claro que uma vida de pouca duração, como, por exemplo, a do seu filho morto, podia ser tão rica em alegria e amor a ponto de conter mais sentido do que uma vida que durasse oitenta anos.

Pouco depois, passei para outra questão, dirigindo-me dessa vez ao grupo inteiro. Perguntei se um macaco utilizado para produzir soro contra poliomielite e que, por essa razão, fosse picado vez após vez, seria algum dia capaz de captar o sentido do seu sofrimento. O grupo negou unanimemente; pois, com sua inteligência limitada, ele não poderia entrar no mundo dos seres humanos, ou seja, o único mundo no qual seu sofrimento seria inteligível. Fui em frente com a seguinte pergunta: "E como é com o ser humano? Vocês têm certeza de que o mundo humano é um ponto final na evolução do cosmo? Não é concebível que ainda haja outra dimensão possível, um mundo além do mundo humano? Um mundo em que a pergunta pelo sentido último do sofrimento humano encontraria uma resposta?"

O suprassentido

Esse sentido último necessariamente excede e ultrapassa a capacidade intelectual finita do ser humano; na logoterapia falamos neste contexto de um suprassentido. O que se requer da pessoa não é aquilo que alguns filósofos existenciais ensinam, ou seja, suportar a falta de sentido da vida; o que se propõe é, antes, suportar a incapacidade de compreender, em termos racionais, o fato de que a vida tem um sentido incondicional. O *logos* é mais profundo do que a lógica.

Um psiquiatra que vai além do conceito do suprassentido mais cedo ou mais tarde acabará embaraçado por seus pacientes, como se deu comigo quando minha filha de seis anos me perguntou: "Por que dizemos que o Senhor é *bom?*" Eu repliquei: "Faz algumas semanas você teve sarampo, e então o Senhor, em sua *bondade,* fez você sarar completamente". Mas a pequena não se deu por satisfeita e retrucou: "Ora, pai, não esqueça que, para começar, foi ele que me fez pegar o sarampo!"

No entanto, quando o paciente está sobre o chão firme de fé religiosa, não se pode objetar ao uso do efeito terapêutico das suas convicções espirituais. Para esse fim, o psiquiatra pode colocar-se no lugar do paciente. É exatamente isso que eu fiz, certa vez, por exemplo, quando um rabino da Europa oriental veio ter comigo e me contou sua história. Ele tinha perdido sua primeira esposa e seus seis filhos no campo de concentração de Auschwitz, onde foram mortos na câmara de gás, e agora se evidenciou que sua segunda mulher era estéril. Observei que a procriação não é o único sentido da vida, pois nesse caso a vida em si perderia o sentido, e algo que em si mesmo não tem sentido não pode ganhar sentido simplesmente por meio de sua perpetuação. Entretanto, o rabino encarava sua sorte como um judeu ortodoxo, ou seja, no desespero de não ter um filho que pudesse pronunciar o *Kaddish*[6] para ele depois de sua morte.

Não desisti. Fiz uma última tentativa de ajudá-lo perguntando se ele não esperava ver seus filhos novamente no

---

[6] Oração pelos mortos.

céu. Minha pergunta, entretanto, desencadeou uma torrente de lágrimas, e agora, sim, veio à tona o verdadeiro motivo de seu desespero; explicou ele que seus filhos, uma vez que morreram como mártires inocentes[7], mereceriam o mais elevado lugar no céu; mas ele mesmo, um velho pecador, não podia esperar receber o mesmo lugar. Ainda não desisti e retruquei: "Não se poderia conceber, rabino, que foi justamente esse o sentido de o senhor sobreviver a seus filhos, para que fosse purificado por esses anos de sofrimento, de modo que também o senhor, embora não inocente como seus filhos, pudesse, afinal, *tornar-se* digno de juntar-se a eles no céu? Não está escrito nos Salmos que Deus guarda todas as suas lágrimas?[8] Assim talvez nenhum de seus sofrimentos tenha sido em vão". Pela primeira vez em muitos anos, ele se sentiu aliviado do seu sofrimento pela nova perspectiva que lhe pude abrir.

A transitoriedade da vida

Entre as coisas que parecem tirar o sentido da vida humana estão não apenas o sofrimento, mas também a morte. Nunca me

---

[7] *L'kiddush bashem,* isto é, para a santificação do nome de Deus.

[8] "Contaste os meus passos quando sofri perseguições; recolheste as minhas lágrimas no teu odre; não estão elas inscritas no teu livro?" (Salmo 56.8).

canso de dizer que os únicos aspectos realmente transitórios da vida são as potencialidades; porém, no momento em que são realizadas, elas se transformam em realidades; são resgatadas e entregues ao passado, no qual ficam a salvo e resguardadas da transitoriedade. Isso porque no passado nada está irremediavelmente perdido, mas está tudo irrevogavelmente guardado.

Sendo assim, a transitoriedade da nossa existência de forma alguma lhe tira o sentido. No entanto, ela constitui nossa responsabilidade, porque tudo depende de nos conscientizarmos das possibilidades essencialmente transitórias. O ser humano está constantemente fazendo uma opção diante da massa de potencialidades presentes; quais delas serão condenadas ao não-ser e quais serão concretizadas? Qual opção se tornará realidade de uma vez para sempre, imortal, como "pegada nas areias do tempo"? A todo e qualquer momento, a pessoa precisa decidir, para o bem ou para o mal, qual será o monumento de sua existência.

Não há dúvida de que geralmente a pessoa somente leva em conta o campo de restolhos da transitoriedade e se esquece dos abarrotados celeiros do passado, onde ela guardou, de uma vez por todas, seus atos, suas alegrias e também seus sofrimentos. Nada pode ser desfeito, nada pode ser eliminado; eu diria que *ter sido* é a mais segura forma de ser.

Ao considerar a transitoriedade essencial da existência humana, a logoterapia não é pessimista, mas antes ativista. Em linguagem figurada, poderíamos dizer que o pessimista parece uma pessoa que observa com temor e tristeza que a sua folhinha na parede vai ficando mais fina a cada dia que passa. A pessoa que enfrenta ativamente os problemas da vida, porém, é como aquela que, dia após dia, vai destacando cada folha do seu calendário e cuidadosamente a guarda junto às precedentes, tendo primeiro feito no verso alguns apontamentos referentes ao dia que passou. É com orgulho e alegria que ela pode pensar em toda a riqueza contida nessas anotações, em toda a vida que ela já viveu em plenitude. Que lhe importa notar que está ficando velha? Terá ela alguma razão para ficar invejando os jovens que vê, ou de cair em nostalgia por ter perdido a juventude? Que motivos terá ela para invejar uma pessoa jovem? Pelas possibilidades que estão à frente do jovem, do futuro que o espera? "Eu agradeço", é o que ela vai pensar. "Em vez de possibilidades, realidades é o que tenho no meu passado, não apenas a realidade do trabalho realizado e do amor vivido, mas também a realidade dos sofrimentos suportados com bravura. Esses sofrimentos são até mesmo as coisas das quais me orgulho mais, embora não sejam coisas que possam causar inveja."

Logoterapia como técnica

Um medo realista, como o medo da morte, não pode ser amenizado nem eliminado por sua interpretação psicodinâmica; um medo neurótico, como a agorafobia, contudo, não pode ser curado pela compreensão filosófica. Entretanto, a logoterapia desenvolveu uma técnica especial para lidar também com esses casos. Para entender o que ocorre ao se aplicar essa técnica, tomamos como ponto de partida uma condição frequentemente encontrada em indivíduos neuróticos, qual seja, a ansiedade antecipatória. Característico desse temor é que ele produz exatamente aquilo que o paciente teme. Assim, por exemplo, um indivíduo que está com medo de enrubescer ao entrar num salão e enfrentar muitas pessoas, de fato estará mais propenso a enrubescer sob tais circunstâncias. Neste contexto poder-se-ia transpor o ditado "o desejo é o pai do pensamento" para "a angústia é a mãe do evento".

Ironicamente, da mesma forma como o medo faz acontecer aquilo de que se tem medo, uma intenção forçada torna impossível aquilo que se deseja muito. Essa intenção excessiva, ou "hiperintenção", como eu a chamaria, pode ser observada particularmente em casos de neurose sexual. Quanto mais um homem procura demonstrar sua potência sexual, ou quanto mais a mulher tenta mostrar sua capacidade de experimentar o orgasmo, menos chances de sucesso terão. O prazer é e deve permanecer efeito colateral ou produto secundário; ele será anulado e comprometido à medida que dele se fizer um objetivo em si mesmo.

Além da intenção excessiva descrita acima, também a atenção excessiva, ou "hiper-reflexão", como é chamada na logoterapia, pode ser patogênica (ou seja, pode levar à doença). O seguinte relato clínico indicará o que quero dizer. Uma jovem mulher dirigiu-se a mim queixando-se de frigidez. O histórico do caso mostrou que, em sua infância, ela tinha sido sexualmente abusada por seu pai. Entretanto, não foi essa experiência traumática em si mesma que fizera surgir sua neurose sexual, como podia ser facilmente verificado. Evidenciou-se que a paciente, lendo literatura psicanalítica popular, vivera o tempo todo na temerosa expectativa do pesado tributo que sua experiência traumática lhe cobraria um dia. Essa ansiedade antecipatória resultou tanto na intenção excessiva de confirmar sua feminilidade, como na atenção excessiva centrada nela mesma, ao invés de seu parceiro. Isso bastou para incapacitar a paciente para a experiência do auge do prazer sexual, uma vez que o orgasmo foi transformado em objeto de intenção e em objeto de atenção, em vez de permanecer um efeito não intencionado do devotamento e da entrega não refletida ao parceiro. Depois de se submeter à logoterapia de pouca duração, a atenção e intenção excessivas da paciente, voltadas para sua capacidade de experimentar orgasmo, acabaram sendo "derrefletidas" (com o que estamos introduzindo outro termo logoterápico). Quando sua atenção foi refocalizada para o objeto apropriado, ou seja, o parceiro, o orgasmo surgiu espontaneamente.[9]

A logoterapia baseia sua técnica denominada "intenção paradoxal" no fato duplo de que o medo produz aquilo de que temos medo e de que a intenção excessiva impossibilita o que desejamos. Em alemão, descrevi a técnica da intenção paradoxal

---

[9] Para o tratamento de casos de impotência sexual, desenvolveu-se uma técnica logoterápica específica, baseada na teoria da hiperintenção e hiper-reflexão, conforme descrita acima (FRANKL, Viktor E. The Pleasure Principle and Sexual Neurosis. *The International Journal of Sexology,* 5(3), p. 128-130, 1952). Neste resumo dos princípios de logoterapia, naturalmente, não podemos entrar em detalhes.

já em 1939.[10] Nessa abordagem, o paciente que sofre de fobia é convidado a intencionar precisamente aquilo que teme, mesmo que apenas por um momento.

Vou lembrar um caso. Um jovem médico me consultou por causa do seu medo de transpirar. Sempre que ele esperava uma emissão de suor, essa ansiedade antecipatória já era suficiente para precipitar a transpiração excessiva. Com a finalidade de romper esse círculo vicioso, aconselhei o paciente a que, quando voltasse essa transpiração, deliberadamente mostrasse às pessoas o quanto ele conseguia suar. Uma semana depois, ele voltou, relatando que, sempre que encontrava alguém que nele provocava ansiedade antecipatória, dizia para si mesmo: "Antes eu só conseguia suar um litro, mas agora eu vou despejar pelo menos dez litros!" O resultado foi que, depois de sofrer dessa fobia durante quatro anos, com uma única sessão ele foi capaz de se libertar da mesma, permanentemente, em questão de uma semana.

O leitor perceberá que esse procedimento consiste numa inversão da atitude do paciente, uma vez que seu temor é substituído por um desejo paradoxal. Mediante esse tratamento tira-se o vento das velas da ansiedade.

Semelhante procedimento, entretanto, precisa fazer uso da capacidade especificamente humana do autodistanciamento, inerente ao senso de humor. Essa capacidade básica da pessoa distanciar-se de si mesma entra em ação sempre que se aplica a

---

10 FRANKL, Viktor E. Zur medikamentösen Unterstützung der Psychotherapie bei Neurosen. *Schweizer Archiv fur Neurologie und Psychiatrie*, n. 43, p. 26-31.

técnica logoterápica chamada "intenção paradoxal". Ao mesmo tempo, o paciente é capacitado a se colocar numa posição distanciada de sua própria neurose. Há uma afirmação coerente com essa no livro *The Individual and His Religion,* de Gordon W. Allport: "O neurótico que aprende a rir de si mesmo pode estar a caminho da autodireção, talvez da cura"[11]. A intenção paradoxal é a validação empírica e aplicação clínica da afirmação de Allport.

Vejamos mais alguns casos que ajudarão a esclarecer melhor esse método. Outro paciente foi um contador, tratado por muitos médicos e em diversas clínicas sem obter sucesso terapêutico. Ao chegar ao meu departamento do hospital, estava extremamente desesperado, admitia estar perto do suicídio. Fazia anos que vinha sofrendo de uma cãibra de escrivão, que recentemente se tornara tão grave, que ele corria o perigo de perder seu emprego. Por isso somente uma terapia imediata a curto prazo poderia remediar a situação. Ao iniciar o tratamento, a Dra. Eva Kozdera recomendou ao paciente que fizesse exatamente o oposto do que costumava fazer, ou seja, ao invés de tentar escrever da forma mais legível e esteticamente possível, que escrevesse com os piores garranchos possíveis. Ele recebeu o conselho de dizer para si mesmo: "Agora vou mostrar às pessoas os garranchos que sei fazer!" E no momento em que deliberadamente procurou rabiscar de forma ilegível, foi incapaz de fazê-lo. "Procurei bagunçar minha letra, mas simplesmente não consegui", foi o que ele disse na vez seguinte. Dentro de 48 horas, o paciente se livrou de uma cãibra de escrivão, continuando livre

---

[11] ALLPORT, Gordon W. *The Individual and His Religion.* New York: The Macmillan Company, 1956. p. 92.

durante todo o período de observação depois do tratamento. Ele é novamente um homem feliz e plenamente capaz de trabalhar.

Caso semelhante, relacionado entretanto com a fala, não com a escrita, foi-me contado por um colega do setor de laringologia do Hospital Policlínico de Viena. Fora o mais grave caso de gagueira que ele tinha visto em muitos anos de profissão. De acordo com sua memória, nunca em sua vida o gago estivera livre de seu problema de fala, nem sequer por um momento, com uma única exceção. Essa ocorreu quando ele tinha 12 anos, ao andar de bonde sem pagar passagem. Ao ser pego pelo cobrador, pensou que a única maneira de se safar seria conquistar a compaixão dele e tratou de demonstrar que era um pobre menino gago. Mas no momento em que tentou gaguejar, foi incapaz de fazê-lo. Sem querer, ele pusera em prática a intenção paradoxal, embora não para fins terapêuticos.

Esta exposição, no entanto, não deveria deixar a impressão de que a intenção paradoxal somente funciona em casos monossintomáticos. Com essa técnica logoterápica, meus colaboradores no Hospital Policlínico de Viena conseguiram trazer alívio até em neuroses de caráter obsessivo e compulsivo da maior gravidade e duração. Refiro-me, por exemplo, a uma mulher que durante sessenta anos, dos seus 65 anos de vida, sofrera de uma compulsão de lavagem. A Dra. Eva Kozdera começou um tratamento logoterápico baseado na intenção paradoxal, sendo que dois meses mais tarde a paciente estava em condições de levar uma vida normal. Antes de dar entrada no departamento de neurologia do hospital, ela confessara que "a vida era um inferno" para ela.

Tolhida por sua compulsão e obsessão bacteriofóbica, ela acabou ficando acamada o dia inteiro, incapaz de fazer qualquer trabalho caseiro. Não seria correto dizer que ela agora está completamente isenta de sintomas, pois uma obsessão ainda pode subir à sua mente. Entretanto, ela é capaz de "fazer troça do caso", segundo diz, ou seja, em outras palavras, aplicar a intenção paradoxal.

A intenção paradoxal também é aplicável em casos de distúrbio do sono. O medo da insônia[12] resulta numa hiperintenção de pegar no sono, o que, por sua vez, incapacita o paciente de consegui-lo. Para superar esse medo em particular, costumo aconselhar o paciente a não tentar dormir, mas antes fazer justamente o contrário, ou seja, ficar acordado o quanto possível. Em outras palavras, a hiperintenção de adormecer, oriunda da ansiedade antecipatória de não conseguir fazê-lo, precisa ser substituída pela intenção paradoxal de não pegar no sono, o que logo será sucedido pelo sono.

A intenção paradoxal não é uma panaceia. Não obstante, é um instrumento útil no tratamento de condições obsessivo--compulsivas e fóbicas, especialmente em casos com ansiedade antecipatória subjacente. Além disso, é um dispositivo terapêutico a curto prazo; entretanto ninguém deveria concluir daí que semelhante terapia a curto prazo resulta necessariamente em efeitos terapêuticos apenas temporários. Escreve Emil A. Gutheil que uma das "mais generalizadas ilusões da ortodoxia freudiana é de que a

---

[12] O medo de insônia, na maioria dos casos, deve-se à ignorância do paciente em torno do fato de que o organismo se provê, por si mesmo, da quantidade mínima de sono realmente necessária.

durabilidade dos resultados corresponde à duração da terapia"[13]. Em meus arquivos existe, por exemplo, o relatório do caso de um paciente tratado com a intenção paradoxal faz mais de vinte anos; o efeito terapêutico, mesmo assim, demonstrou ser permanente.

Um dos fatos mais notáveis é que a intenção paradoxal é eficiente independentemente da base etiológica do caso. Isso reforça uma afirmação de Edith Weisskopf-Joelson: "Muito embora a psicoterapia tradicional tenha insistido em que as práticas terapêuticas precisam basear-se em constatações etiológicas, é possível que certos fatores causem neuroses durante a primeira infância, e que fatores completamente diferentes remedeiem neuroses durante a vida adulta"[14].

Quanto à real causa de neuroses, fora os elementos constitucionais de natureza somática ou psíquica, mecanismos retroalimentadores, como a ansiedade antecipatória, parecem constituir importante fator patogênico. Um dado sintoma ocasiona a fobia; a fobia provoca o sintoma; e o sintoma, por sua vez, reforça a fobia. Uma cadeia como essa pode ser observada em casos obsessivo-compulsivos, nos quais o paciente combate as ideias que o perseguem.[15] Desta forma, porém, ele aumenta o poder que elas têm de perturbá-lo, uma vez que pressão provoca contrapressão, e mais uma vez é reforçado o sintoma! Por outro

---

[13] GUTHEIL, Emil A. *American Journal of Psychotherapy*, n. 10, p. 134, 1956.

[14] WEISSKOPF-JOELSON, Edith. Some Comments on a Viennese School of Psychiatry. *The Journal of Abnormal and Social Psychology*, n. 51, p. 701-703, 1955.

[15] A motivação para isso está, muitas vezes, no medo do paciente de que suas obsessões indiquem uma psicose iminente ou mesmo real; o paciente não sabe do fato empírico de que uma neurose obsessivo-compulsiva o está imunizando contra uma psicose formal, em vez de fazê-lo caminhar nessa direção.

lado, assim que o paciente para de combater suas obsessões, procurando ridicularizá-las, tratando-as com atitude irônica, aplicando a intenção paradoxal, *interrompe-se o círculo vicioso,* o sintoma diminui e acaba atrofiando. Nos felizes casos em que não houver um vazio existencial propiciando o sintoma e convidando-o a se instalar, o paciente não só conseguirá ridicularizar seu medo neurótico, mas, por fim, conseguirá ignorá-lo completamente.

Estamos vendo que a ansiedade antecipatória precisa ser combatida por meio da intenção paradoxal; à hiperintenção bem como à hiper-reflexão é preciso opor a derreflexão; a derreflexão, em última análise, não é possível a não ser por meio de uma orientação do paciente para a sua vocação e missão específica na vida.[16]

Não é a preocupação do neurótico consigo mesmo, seja ela de comiseração ou de desprezo, que vai romper o círculo vicioso; a chave para a cura é a autotranscendência!

---

[16] Essa convicção tem o apoio de ALLPORT, que escreveu: "À medida que o empenho é transferido do conflito para objetivos altruístas, a vida como um todo se torna mais sadia, mesmo que a neurose possivelmente jamais desapareça por completo" (1956, p. 95).

A neurose coletiva

Cada época tem sua própria neurose coletiva, e cada época necessita de sua própria psicoterapia para enfrentá-la. O vazio existencial, que é a neurose em massa da atualidade, pode ser descrito como forma privada e pessoal de niilismo; o niilismo, por sua vez, pode ser definido como a posição que diz não ter sentido o ser. Quanto à psicoterapia, porém, ela jamais será capaz de enfrentar esse estado de coisas em escala maciça se não se mantiver livre do impacto e da influência das tendências contemporâneas de uma filosofia niilista; caso contrário, ela mesma representará um sintoma da neurose de massa, ao invés de sua possível cura. A psicoterapia não só refletiria uma filosofia niilista, mas, mesmo sem saber e sem querer, também transmitiria ao paciente o que na verdade é uma caricatura, e não uma imagem verdadeira do ser humano.

Antes de mais nada, há um perigo inerente na doutrina do "nada mais que" aplicado à pessoa; a teoria de que o ser humano é "nada mais que" o resultado de condicionantes biológicos, psicológicos e sociológicos, ou produto da hereditariedade e do meio ambiente. Semelhante visão do ser humano faz o neurótico acreditar no que ele já tende a pensar de qualquer forma, a saber, que é um fantoche, vítima de influências externas ou circunstâncias internas. Esse fatalismo neurótico é fomentado e reforçado por uma psicoterapia que nega liberdade à pessoa.

Sem dúvida, o ser humano é um ser finito e sua liberdade é restrita. Não se trata de estar livre de fatores condicionantes, mas sim da liberdade de tomar uma posição frente aos condicionamentos. Como eu disse certa vez: "Sendo professor em dois campos, neurologia e psiquiatria, sou plenamente consciente de até que ponto o ser humano está sujeito às condições biológicas, psicológicas e sociológicas. Mas além de ser professor nessas duas áreas, sou um sobrevivente de quatro campos – campos de concentração – e como tal também sou testemunha da surpreendente capacidade humana de desafiar e vencer até mesmo as piores condições concebíveis"[17].

Crítica do pandeterminismo

A psicanálise, muitas vezes, tem sido criticada por seu chamado pansexualismo. Eu, para começar, duvido que essa censura jamais tenha sido legítima. Parece-me, entretanto, que existe um pressuposto ainda mais errôneo e perigoso, que eu chamo de "pandeterminismo". Refiro-me à visão do ser humano que descarta sua capacidade de tomar uma posição frente a

---

[17] *Value Dimensions in Teaching*, um filme colorido para televisão produzido por Hollywood Animators, Inc., para California Junior College Association.

condicionantes, quaisquer que sejam. O ser humano *não* é completamente condicionado e determinado; ele mesmo determina se cede aos condicionantes ou se lhes resiste. Isto é, o ser humano é autodeterminante, em última análise. Ele não simplesmente existe, mas sempre decide qual será sua existência, o que ele se tornará no momento seguinte.

Da mesma forma, todo ser humano tem a liberdade de mudar a qualquer instante. Por isso podemos predizer seu futuro somente dentro de um quadro muito amplo de um levantamento estatístico relativo a um grupo inteiro; a personalidade individual, entretanto, permanece essencialmente imprevisível. A base para qualquer previsão estaria constituída pelas condições biológicas, psicológicas ou sociológicas. No entanto, uma das principais características da existência humana está na capacidade de se elevar acima dessas condições, de crescer para além delas. O ser humano é capaz de mudar o mundo para melhor, se possível, e de mudar a si mesmo para melhor, se necessário.

Permitam-me citar o caso do Dr. J. Ele foi o único homem que encontrei em minha vida a quem eu ousaria chamar de um ente mefistofélico, uma figura diabólica. Naquela ocasião, ele era comumente chamado de "carniceiro de Steinhof", em alusão a um grande hospital psiquiátrico em Viena. Quando os nazistas começaram seu programa de eutanásia, ele era a pessoa-chave, tão fanático em sua função que tentava não deixar um único indivíduo psicótico escapar da câmara de gás. Depois da guerra, quando voltei a Viena, perguntei o que sucedera ao Dr. J. "Os russos o prenderam numa das celas isoladas do Steinhof", contaram-me.

"No dia seguinte, entretanto, a porta da sua cela estava escancarada e o Dr. J. nunca mais foi visto." Mais tarde, eu estava convicto de que, com a ajuda de seus companheiros, ele rumara para a América do Sul, como vários outros. Mais recentemente, entretanto, fui consultado por um ex-diplomata austríaco que estivera muitos anos encarcerado do outro lado da Cortina de Ferro, primeiro na Sibéria, depois na famosa prisão de Lubianca, em Moscou. Durante um exame neurológico, de repente me perguntou se por acaso conhecia o Dr. J. Eu disse que sim, e ele continuou: "Conheci-o em Lubianca. Ali ele morreu com cerca de quarenta anos, de câncer na bexiga. Antes de morrer ele era o melhor companheiro que se pode imaginar! Dava conforto a todo mundo. Vivia segundo os mais altos padrões morais que se pode conceber. Foi o melhor amigo que jamais encontrei em todos os meus longos anos na prisão!"

Essa é a história do Dr. J., "o carniceiro de Steinhof". Quem ousará prever o comportamento de uma pessoa? Pode-se predizer os movimentos de uma máquina, de um autômato; mais do que isso, pode-se tentar predizer até mesmo os mecanismos ou "dinamismos" da *psique* humana; mas o ser humano é mais do que *psique.*

A liberdade, no entanto, não é a última palavra. Não é mais que parte da história e metade da verdade. Liberdade é apenas o aspecto negativo do fenômeno integral cujo aspecto positivo é responsabilidade. Na verdade, a liberdade está em perigo de degenerar, transformando-se em mera arbitrariedade, a menos que seja vivida em termos de responsabilidade. É por esse motivo que propus a construção de uma Estátua da Responsabilidade na Costa Oeste dos Estados Unidos, para complementar a Estátua da Liberdade na Costa Leste.

O credo psiquiátrico

Não se pode conceber algo que condicione o ser humano a ponto de deixá-lo sem a menor liberdade. Por isso um resíduo de liberdade, por mais limitado que seja, ainda resta à pessoa em caso de neurose ou mesmo de psicose. Na verdade, o mais íntimo cerne da personalidade de um paciente nem é tocado pela psicose.

Um indivíduo incuravelmente psicótico pode perder sua utilidade, mas conservar a dignidade de um ser humano. Esse é meu credo psiquiátrico. Sem ele, para mim não valeria a pena ser psiquiatra. Por amor a quem? Simplesmente por amor a uma máquina cerebral danificada, que não pode ser consertada? Se o paciente não fosse categoricamente algo mais do que isso, a eutanásia estaria justificada.

Reumanizando a psiquiatria

Por longo tempo, durante meio século, a psiquiatria tentou interpretar a mente como mero mecanismo, e, consequentemente, a terapia da doença mental simplesmente foi encarada como uma técnica. Eu acredito que esse sonho acabou. O que está despontando agora no horizonte não são os contornos de uma medicina psicologizada, mas, antes, de uma psiquiatria humanizada.

Um médico, entretanto, que continuasse entendendo seu próprio papel principalmente como o de um técnico confessaria que não vê em seu paciente mais do que uma máquina, em vez de enxergar o ser humano que está por trás da doença!

O ser humano não é uma coisa entre outras; *coisas* se determinam mutuamente, mas o *ser humano,* em última análise, se determina a si mesmo. Aquilo que ele se torna – dentro dos limites dos seus dons e do meio ambiente – é ele que faz de si mesmo. No campo de concentração, por exemplo, nesse laboratório vivo e campo de testes que ele foi, observamos e testemunhamos alguns dos nossos companheiros se portarem como porcos, ao passo que outros agiram como se fossem santos. O ser humano tem dentro de si ambas as potencialidades; qual será concretizada depende de decisões e não de condições.

Nossa geração é realista porque chegamos a conhecer o ser humano como ele de fato é. Afinal, ele é aquele ser que inventou as câmaras de gás de Auschwitz; mas ele é também aquele ser que entrou naquelas câmaras de gás de cabeça erguida, tendo nos lábios o Pai-Nosso ou o *Shemá Yisrael.*

III

A tese do otimismo trágico*

Pós-escrito de 1984

Dedicado à memória de Edith Weisskopf-Joelson, cujos esforços pioneiros em logoterapia nos Estados Unidos começaram bastante cedo, em 1955, e cujas contribuições a este campo de conhecimento têm tido um valor incalculável.

---

* Este capítulo baseia-se numa palestra que apresentei no III Congresso Mundial de Logoterapia, na Universidade de Regensburg, República Federal da Alemanha, em junho de 1983.

Vamos começar perguntando-nos o que se deve entender por "otimismo trágico". Em resumo, significa que a pessoa é e permanece otimista apesar da "tríade trágica", como é chamada em logoterapia a tríade daqueles aspectos da existência humana que podem ser circunscritos por: 1. dor; 2. culpa; 3. morte. De fato, este capítulo levanta a questão: "Como é possível dizer sim à vida apesar de tudo isso?" Como, para colocar a questão de outra forma, pode a vida conservar seu sentido potencial apesar dos seus aspectos trágicos? No final das contas, "dizer sim à vida apesar de tudo", para usar o título de um livro meu em alemão, pressupõe que a vida, potencialmente, tem um sentido em quaisquer circunstâncias, mesmo nas mais miseráveis. E isso, por sua vez, pressupõe a capacidade humana de transformar criativamente os aspectos negativos da vida em algo positivo ou construtivo. Em outras palavras, o que importa é tirar o melhor de cada situação dada. O "melhor", no entanto, é o que em latim se chama *optimum* – daí o motivo por que falo de um otimismo trágico, isto é, um otimismo diante da tragédia e tendo em vista o potencial humano que, nos seus melhores aspectos, sempre permite: 1. transformar o sofrimento numa conquista e numa realização humana; 2. extrair da culpa a oportunidade de mudar a si mesmo para melhor; 3. fazer da transitoriedade da vida um incentivo para realizar ações responsáveis.

Devemos manter bem claro, no entanto, que o otimismo não pode ser resultado de ordens ou determinações. Tampouco a pessoa pode forçar-se a si mesma a ser otimista indiscriminadamente, contra todas as probabilidades e contra toda esperança. E o que é verdadeiro com relação à esperança o é com relação aos outros dois componentes da tríade, na medida em que fé e amor também não podem ser impostos ou exigidos.

Do ponto de vista europeu, é bem característico da cultura norte-americana o fato de que a todo momento as pessoas são exortadas a "ser felizes". Mas a felicidade não pode ser buscada; precisa ser decorrência de algo. Deve-se ter uma razão para "ser feliz". Uma vez que a razão é encontrada, no entanto, a pessoa fica feliz automaticamente. Na nossa maneira de ver, o ser humano não é alguém em busca da felicidade, mas sim alguém em busca de uma razão para ser feliz, por meio – e isto é importante – da realização concreta do significado potencial inerente e latente numa situação dada.

Essa necessidade de uma razão é similar a outro fenômeno especificamente humano – o riso. Se você quer que alguém ria, você deve dar-lhe uma razão, tem que contar-lhe uma piada por exemplo. Não é possível, de modo algum, obter dele uma risada real exortando-o ou fazendo com que ele se force a rir. Fazê-lo seria o mesmo que pedir a pessoas em frente a uma máquina fotográfica que sorriem, para depois constatar nas fotos reveladas que suas fisionomias estão congeladas em sorrisos artificiais.

Em logoterapia, esse padrão de comportamento é chamado de "hiperintenção". Ele cumpre importante papel na origem da neurose sexual, seja frigidez ou impotência. Quanto mais o paciente – em vez de esquecer-se de si mesmo doando-se – esforçar-se diretamente por alcançar o orgasmo, isto é, o prazer sexual, tanto mais essa busca de prazer sexual causará seu próprio fracasso. Na verdade, o chamado "princípio do prazer" é um estraga-prazeres.

Uma vez que a busca de sentido por parte do indivíduo é bem-sucedida, isso não só o deixa feliz, mas também lhe dá a capacidade de enfrentar sofrimento. E o que acontecerá se a procura de sentido por parte da pessoa tiver sido em vão? O resultado pode ser uma situação fatal. Quero lembrar, por exemplo, o que aconteceu algumas vezes em situações extremas como campos de concentração ou acampamentos de prisioneiros de guerra. Nesses, como ouvi de soldados americanos, surgiu um padrão de comportamento que eles chamavam de "desistite". Nos campos de concentração, esse comportamento encontrava paralelo naqueles que, determinada manhã, às cinco horas, recusavam-se a levantar e a ir trabalhar, preferindo ficar na cabana, sobre a palha molhada de urina e fezes. Nada – nem advertências, nem ameaças – podia induzi-los a mudar de comportamento. E então ocorria algo típico: puxavam um cigarro do fundo de um bolso qualquer, onde o haviam guardado, e começavam a fumar. Naquele momento, nós sabíamos que, durante as próximas 48 horas, iríamos observá-los morrer. A percepção de sentido havia desaparecido e, consequentemente, a busca do prazer imediato havia tomado as rédeas.

Porventura isso não nos lembra de uma situação paralela com que nos confrontamos todos os dias? Penso naqueles jovens, em escala mundial, que se referem a si mesmos como "geração sem futuro". Sem dúvida, não é apenas ao cigarro que eles apelam: é às drogas.

Na verdade, o consumo de drogas é apenas um aspecto de um fenômeno de massa mais geral, a saber, o sentimento de falta de sentido que resulta de uma frustração das nossas necessidades existenciais – o que, por sua vez, se transformou num fenômeno universal das nossas sociedades industriais. Hoje não são apenas os logoterapeutas que afirmam que o sentimento de falta de sentido cumpre um papel sempre crescente na etiologia da neurose. Como escreve Irvin D. Yalom, da Universidade de Stanford, em *Existential Psychotherapy:* "De quarenta pacientes consecutivos procurando terapia numa clínica psiquiátrica de atendimento externo (...) 12 (30%) tinham algum problema de vulto relacionado com sentido (segundo dados de autoavaliação, testemunhos de terapeutas ou julgamentos independentes)"[18]. Milhares de quilômetros a leste de Palo Alto, a situação difere por apenas um porcento: as últimas estatísticas pertinentes indicam que, em Viena, 29% da população afirmam que falta sentido em suas vidas.

Quanto à origem do sentimento da falta de sentido, pode-se dizer, ainda que de maneira muito simplificadora, que as pessoas têm o suficiente com o que viver, mas não têm nada por que viver; têm os meios, mas não têm o sentido. Sem dúvida, alguns não têm nem mesmo os meios. Penso especialmente na massa de pessoas que hoje estão desempregadas. Cinquenta anos atrás, publiquei um estudo[19] sobre um tipo específico de depressão que havia diagnosticado em casos de pacientes jovens sofrendo

---

[18] New York: Basic Books, 1980. p. 448.

[19] Wirtschaftskrise und Seelenleben vom Standpunkt des Jugendberaters. *Sozialarztliche Rundschau*, n. 4, p. 43-46, 1933.

do que eu chamava de "neurose de desemprego". E consegui demonstrar que essa neurose tinha realmente sua origem numa dupla identificação errônea: estar sem emprego era considerado o mesmo que ser inútil, e ser inútil era considerado o mesmo que levar uma vida sem sentido. Consequentemente, sempre que eu conseguia persuadir os pacientes a trabalhar voluntariamente em organizações de jovens, educação de adultos, bibliotecas públicas e atividades similares – em outras palavras, quando preenchiam seu abundante tempo livre com alguma atividade não remunerada, mas significativa e portadora de um sentido –, a sua depressão desaparecia, embora sua situação econômica não houvesse mudado e sua fome continuasse a mesma. A verdade é que o ser humano não vive apenas de bem-estar.

Ao lado da neurose de desemprego, desencadeada pela situação socioeconômica do indivíduo, há outros tipos de depressão atribuíveis a condições psicodinâmicas ou bioquímicas. Consequentemente, são indicadas, conforme o caso, a psicoterapia e a farmacoterapia.

No que tange ao sentimento de falta de sentido, no entanto, não devemos esquecer que, em si, ele não é uma questão de patologia: mais do que ser sinal e sintoma de uma neurose, eu diria que é a prova da humanidade da pessoa. Mas, embora não seja causado por nada patológico, esse sentimento bem pode causar uma reação patológica; em outras palavras, é potencialmente patogênico. Pensamos na síndrome neurótica de massa tão difundida na jovem geração: há ampla evidência empírica de que as três facetas dessa síndrome – depressão, agressão, dependência de drogas – são devidas ao que se chama em logoterapia "o vazio existencial", um sentimento de vacuidade e de falta de sentido.

Não é necessário dizer que nem todo caso de depressão pode ser atribuído a um sentimento de falta de sentido. Tampouco o suicídio – a que a depressão, às vezes, leva a pessoa – sempre é resultado de um vazio existencial. Contudo, mesmo que todo e qualquer caso de suicídio não tenha sido *levado a cabo* por causa de um sentimento de falta de sentido, é bem possível que o impulso de tirar a vida tivesse sido *superado* se a pessoa tivesse estado consciente de algum sentido e propósito pelos quais valesse a pena viver.

Se, portanto, uma forte percepção de sentido cumpre um papel decisivo na prevenção do suicídio – como intervir nos casos em que há risco de suicídio? Quando jovem, passei quatro anos como médico do maior hospital estatal da Áustria, onde estava encarregado do pavilhão dos pacientes em depressão profunda. A maior parte deles havia sido admitida depois de uma tentativa de suicídio. Certa vez, calculei que cheguei a tratar cerca de 12 mil pacientes durante aqueles quatro anos. Acumulei então um bom acervo de experiências, do qual ainda faço uso sempre que sou confrontado com alguém que tem tendência ao suicídio. Costumo explicar a tal pessoa que os pacientes repetidamente me contam como estão felizes pelo fato de não terem conseguido se matar. Semanas, meses, anos mais tarde, dizem-me eles, descobriram que *havia* uma solução para seus problemas, uma resposta à sua pergunta, um sentido para suas vidas. "Mesmo que a chance de que as coisas melhorem seja apenas uma em mil", continua minha explicação, "quem pode garantir que no seu caso isso não acontecerá, mais cedo ou mais tarde? Mas em primeiro lugar você tem que viver para enxergar o dia em que isso pode acontecer, precisa sobreviver para ver nascer aquele dia, e, de agora em diante, a responsabilidade da sobrevivência não o deixará mais".

Com relação ao segundo aspecto da síndrome neurótica de massa, a agressão, desejo citar uma experiência levada a efeito, certa vez, por Carolyn Wood Sherif. Ela havia tido êxito em criar artificialmente agressões mútuas entre grupos de escoteiros, e observou que as agressões só cediam terreno quando os jovens se dedicavam a um objetivo comum – isto é, à tarefa conjunta de empurrar o veículo atolado na lama que trazia comida para seu acampamento. Eram imediatamente não só desafiados, mas também unidos por um sentido que tinham que realizar.[20]

Quanto ao terceiro ponto, dependência de drogas e álcool, lembro das descobertas apresentadas por Annemarie von Forstmeyer, que destacou algo evidenciado por testes e estatísticas: 90% dos alcoólicos que ela estudou haviam sofrido de uma falta abismal de sentido na vida. Dos dependentes de drogas estudados por Stanley Krippner, 100% acreditavam que "as coisas pareciam sem sentido"[21].

---

[20] Para mais informações sobre esse experimento, v. FRANKL, Viktor E. *The Unconscious God*. New York: Simon & Schuster, 1978. p. 140 (Edição brasileira: *A Presença Ignorada de Deus*. São Leopoldo: Sinodal; Petrópolis: Vozes, 1991), e FRANKL, Viktor E. *The Unheard Cry For Meaning*. New York: Simon & Schuster, 1978. p. 36.

[21] Para mais informações, veja *The Unconscious God*, p. 97-100; *The Unheard Cry for Meaning*, p. 26-28.

Voltemo-nos agora à questão do sentido em si. Para começar, gostaria de esclarecer que o logoterapeuta se preocupa, em primeiro lugar, com o sentido potencial inerente e latente em cada situação que uma pessoa enfrenta ao longo da vida. Por conseguinte, não farei aqui elaborações sobre o sentido da vida da pessoa em seu conjunto, embora não negue a existência de tal sentido a longo prazo. Para usar uma analogia, pense num filme que consista em milhares e milhares de fotogramas individuais. Cada um deles vem carregado de sentido e traz um significado, mas o sentido do filme todo não pode ser visto antes que sua última sequência seja mostrada. Não obstante, não podemos entender todo o filme sem ter compreendido antes cada um dos seus componentes, cada uma das imagens individuais. Não acontece o mesmo com a vida? Será que o significado último da vida não se revela também (quando se revela) só no seu final, a um passo da morte? E será que também esse sentido final não depende de o sentido potencial de cada situação particular ter sido realizado da melhor maneira possível, de acordo com o conhecimento e as crenças do indivíduo?

O fato é que o sentido, assim como a percepção desse sentido, vistos do ponto de vista logoterápico, estão localizados em chão firme, e não flutuando no ar ou encerrados numa torre de marfim. De modo geral, eu localizaria a percepção do sentido – do sentido pessoal de uma situação concreta – num ponto intermediário entre uma experiência do tipo "ah!" na linha do conceito de Karl Bühler, e uma percepção de *Gestalt,* digamos, na linha da teoria de Max Wertheimer. A percepção do sentido difere do conceito clássico de percepção de *Gestalt* na medida em que esta última implica a súbita consciência de uma "figura" num "fundo", enquanto a percepção do sentido, como eu a vejo se reduz mais especificamente a tomar consciência de uma possibilidade contra o pano de fundo da realidade ou, para expressá-lo de modo mais simples, perceber o *que pode ser feito* em determinada situação.

E como pode um ser humano *encontrar* sentido? Como Charlotte Bühler escreveu: "Tudo o que podemos fazer é estudar a vida das pessoas que parecem haver encontrado suas respostas às questões em torno das quais gira em última análise a vida humana e compará-la com a vida daquelas que não as encontraram"[22]. Além desse enfoque biográfico, no entanto, podemos também desenvolver um enfoque biológico. A logoterapia vê a consciência como um fator estimulador que, se necessário, indica a direção em que temos que nos mover em determinada situação da vida. Para levar a cabo tal tarefa, a consciência deve aplicar uma fita métrica à situação enfrentada. A situação deve ser medida e avaliada à luz de um conjunto de critérios e uma hierarquia de valores. Esses valores, no entanto, não podem ser escolhidos e adotados por nós num nível consciente – constituem algo que nós *somos*. Eles se cristalizaram no curso da evolução da nossa espécie; estão fundamentados no nosso passado biológico e é lá que têm suas raízes. Konrad Lorenz pode ter pensado algo parecido quando desenvolveu o conceito de um "a *priori* biológico",

[22] Basic Theoretical Concepts of Humanistic Psychology. *American Psychologist*, n. 26, p. 378, abr. 1971.

e quando nós dois discutimos recentemente minha própria visão da origem biológica do processo de valoração, ele concordou com entusiasmo. De qualquer modo, se existe uma autocompreensão axiológica pré-reflexiva, podemos supor que ela está ancorada, em última instância, na nossa herança biológica.

Como ensina a logoterapia, há três caminhos principais pelos quais se pode chegar ao sentido na vida. O primeiro consiste em criar um trabalho ou fazer uma ação. O segundo está em experimentar algo ou encontrar alguém; em outras palavras, o sentido pode ser encontrado não só no trabalho, mas também no amor. Edith Weisskopf-Joelson observou nesse contexto que "a noção logoterápica de que a experiência pode ter tanto valor quanto a realização prática é terapêutica porque compensa nossa ênfase unilateral no mundo externo das realizações, às custas do mundo interno da experiência"[23].

O mais importante, no entanto, é o terceiro caminho para o sentido na vida: mesmo uma vítima desamparada, numa situação sem esperança, enfrentando um destino que não pode mudar, pode erguer-se acima de si mesma, crescer para além de si mesma e, assim, mudar-se a si mesma. Pode transformar a tragédia pessoal em triunfo. Foi novamente Edith Weisskopf-Joelson que, como mencionado na página 175, certa vez, expressou a esperança de que a logoterapia "possa ajudar a reagir contra certas tendências pouco sadias na atual cultura dos Estados Unidos, em que o sofredor incurável recebe muito pouca oportunidade

[23] The Place of Logotherapy in the World Today. *The International Forum for Logotherapy*, 1(3), p. 3-7, 1980.

de ter orgulho do seu sofrimento e de o considerar enobrecedor, ao invés de degradante", de modo que "ele não só é infeliz, mas também tem vergonha de ser infeliz".

Durante um quarto de século, dirigi o departamento neurológico de um hospital de clínica geral e pude testemunhar a capacidade dos meus pacientes de transformar seus sofrimentos em vitórias humanas. Além de tais experiências práticas, também estão disponíveis evidências empíricas da possibilidade de a pessoa encontrar sentido no sofrimento. Pesquisadores da Faculdade de Medicina da Universidade do Yale "ficaram impressionados pelo número de ex-prisioneiros da guerra do Vietnã que afirmavam explicitamente que, embora sua prisão tivesse sido uma experiência extraordinariamente difícil – com torturas, doenças, fome e confinamento em celas solitárias –, eles, não obstante, (...) se haviam beneficiado com a experiência de crescimento"[24].

Os argumentos mais poderosos, contudo, em favor de um "otimismo trágico" são aqueles que em latim se chamam *argumenta ad hominem.* Jerry Long, para citar um exemplo, é testemunho vivo do "poder desafiador do espírito humano", como se diz em logoterapia.[25] Para citar a *Texarkana Gazette:* "Jerry Long ficou paralisado do pescoço para baixo desde um acidente que o deixou quadriplégico três anos atrás. Tinha 17 anos quando o acidente ocorreu. Hoje, Long consegue usar um

[24] SLEDGE W. H.; BOYDSTUN J. A.; RABE A. J. Self-Concept Changes Related to War Captivity. *Arch. Gen. Psychiatry,* n. 37, p. 430-443, 1980.

[25] "The Defiant Power of the Human Spirit" (O poder desafiador do espírito humano) foi na verdade o título de um trabalho apresentado por Long no III Congresso Mundial de Logoterapia em junho de 1983.

pauzinho com a boca para escrever à máquina. Está acompanhando dois cursos no Communnity College por meio de um telefone especial. O intercomunicador permite a Long ouvir e participar das discussões de aula. Também ocupa seu tempo lendo, assistindo televisão e escrevendo". E numa carta que recebi dele, Long escreveu: "Vejo minha vida cheia de sentido e de objetivos. A atitude que adotei naquele dia fatal se transformou no credo da minha vida: eu quebrei meu pescoço, não quebrei meu ser. Atualmente estou matriculado no meu primeiro curso de Psicologia, na universidade. Acho que minha deficiência só vai aumentar minha capacidade de ajudar outros. Sei que, sem o sofrimento, o crescimento que atingi teria sido impossível".

Será que isso significa que o sofrimento é indispensável à descoberta de sentido? De modo algum. Insisto apenas em que o sentido está disponível apesar do – ou melhor, através do – sofrimento, desde que, como ressaltado na segunda parte deste livro, o sofrimento seja inevitável. Se for evitável, o que faz sentido é remover sua causa, porque sofrimento desnecessário é masoquismo e não ato heroico. Por outro lado, mesmo se a pessoa não puder mudar a situação que causa seu sofrimento, pode escolher sua atitude.[26] Long não havia escolhido fraturar seu pescoço. Mas ele decidiu não se deixar quebrar a si mesmo por causa do que lhe acontecera.

---

[26] Nunca esquecerei uma entrevista a que assisti certa vez na TV austríaca, dada por um cardiologista polonês que durante a Segunda Guerra Mundial ajudou a organizar a revolta do gueto de Varsóvia. "Que feito heroico!", exclamou o repórter. "Escute", disse calmamente o doutor, "pegar uma arma e atirar não é grande coisa; mas se a SS levar você a uma câmara de gás ou a uma cova coletiva para a execução e você não puder fazer nada a respeito, exceto dar seus últimos passos com dignidade, veja bem, isto é o que eu chamo de heroísmo." O heroísmo está na atitude, por assim dizer.

Como vemos, a prioridade permanece com a mudança criativa da situação que nos faz sofrer. Mas realmente superior é o *saber como* sofrer, quando se faz necessário. E há evidências empíricas de que – literalmente – o "homem comum" é exatamente da mesma opinião. Pesquisas de opinião pública da Áustria revelaram recentemente que aqueles que atraíam a maior estima e consideração entre a maioria dos entrevistados não eram os grandes artistas, cientistas, estadistas ou esportistas, mas aqueles que eram capazes de atravessar experiências difíceis com suas cabeças erguidas.

Ao enfocar o segundo aspecto da tríade trágica, a saber, a culpa, gostaria de partir de um conceito teológico que para mim sempre foi fascinante. Refiro-me ao chamado *mysterium iniquitatis,* que significa, segundo a minha visão, que em última análise um crime permanece inexplicável na medida em que não pode ser completamente investigado em suas origens biológicas, psicológicas e/ou sociológicas. Explicar totalmente o crime de alguém seria o mesmo que eliminar sua culpa e vê-lo não como uma pessoa livre e responsável, mas como uma máquina a ser consertada. Até os próprios criminosos detestam esse tratamento e preferem ser considerados responsáveis pelo que fizeram. Um preso cumprindo sua sentença numa penitenciária de Illinois mandou-me uma carta na qual lamentava que "o criminoso nunca tem uma chance de se explicar. Ele recebe uma variedade de desculpas entre as quais pode escolher. A sociedade é acusada e, em muitos casos, a acusação é feita contra a vítima". Além disso, quando falei aos presos em San Quentin, disse a eles: "Vocês são seres humanos como eu, e como tais tiveram a liberdade de cometer um crime, de tornar-se culpados. Agora, no entanto, vocês têm a responsabilidade de superar a culpa erguendo-se acima dela, crescendo para além de vocês mesmos e mudando pessoalmente para melhor". Eles se sentiram compreendidos.[27] E Frank E. W., ex-preso, mandou-me um bilhete dizendo que havia começado um grupo de logoterapia para ex-criminosos. "Somos 27, e os mais novos estão permanecendo fora da prisão por meio da força solidária do grupo inicial. Só um voltou – e agora já está livre."[28]

Quanto ao conceito de culpa coletiva, penso pessoalmente que é totalmente injustificado responsabilizar uma pessoa pelo comportamento de outra ou de um grupo de pessoas. Desde o final da Segunda Guerra Mundial, não canso de argumentar publicamente contra o conceito de culpa coletiva.[29] Às vezes, no entanto, é necessária uma boa quantidade de truques didáticos para afastar as pessoas das suas superstições. Uma mulher norte-americana, uma vez, me lançou uma crítica: "Como é que você consegue escrever livros em alemão, se é a língua de Adolf Hitler?" Em resposta, perguntei a ela se usava facas em sua cozinha. Quando respondeu que sim, mostrei-me espantado e chocado, e exclamei: "Como é que você consegue usar facas se tantos assassinos já as usaram para apunhalar e matar suas vítimas?" Então ela desistiu de me criticar por escrever livros em alemão.

---

[27] Veja também FABRY, Joseph B. *The Pursuit of Meaning.* New York: Harper and Row, 1980.

[28] Cf. FRANKL, 1978, p. 42-43.

[29] Veja ainda FRANKL, Viktor E. *Psychotherapy and Existentialism.* New York: Simon & Schuster, 1967.

O terceiro aspecto da tríade trágica diz respeito à morte. Porém, ele diz respeito à vida também, porque sempre cada um dos instantes de que a vida é feita está morrendo, e aquele instante nunca mais voltará. Mas porventura não é essa transitoriedade algo que nos estimula e desafia a fazer o melhor uso possível de cada momento de nossas vidas? Certamente sim, e daí surge meu imperativo: *Viva como se você estivesse vivendo pela segunda vez e como se tivesse agido tão erradamente na primeira vez como está por agir agora.*

Na verdade, as oportunidades de agir de modo apropriado, as potencialidades para realizar um sentido são afetadas pela irreversibilidade das nossas vidas. Mas também as potencialidades isoladamente são afetadas por esse fato. Porque tão logo usamos uma oportunidade e realizamos um sentido potencial, isso está feito de uma vez por todas. Já o salvamos para o passado, onde foi entregue e depositado em segurança. No passado, nada fica irremediavelmente perdido, mas, ao contrário, tudo é irreversivelmente estocado e entesourado. Sem dúvida, as pessoas tendem a ver somente os campos desnudos da transitoriedade, mas ignoram e esquecem os celeiros repletos do passado, em que mantêm guardada a colheita das suas vidas: as ações feitas, os amores amados e, não menos importantes, os sofrimentos enfrentados com coragem e dignidade.

A partir disso se pode ver que não há razão para ter pena de pessoas velhas. Em vez disso, as pessoas jovens deveriam invejá-las. É verdade que os velhos já não têm oportunidades nem possibilidades no futuro. Mas eles têm mais do que isso. Em vez de possibilidades no futuro, eles têm realidades no passado – as potencialidades que efetivaram, os sentidos que realizaram, os valores que viveram – e nada nem ninguém podem remover jamais seu patrimônio do passado.

Em vista da possibilidade de encontrar sentido no sofrimento, o sentido da vida passa a ser algo incondicional – ao menos potencialmente. Esse sentido incondicional, no entanto, encontra paralelo no valor incondicional que cada pessoa, sem exceção, possui. E é isso que garante o fato indelével da dignidade humana. Assim como a vida permanece potencialmente significativa sob quaisquer circunstâncias, mesmo as mais miseráveis, também o valor de cada pessoa, sem exceção, a acompanha, e o faz porque está baseado nos valores que a pessoa já realizou no passado. Não está subordinado à utilidade que a pessoa possa ter ou não no presente.

Mais concretamente, essa utilidade é normalmente definida em termos de funcionamento para o benefício da sociedade. Mas a sociedade de hoje se caracteriza pela orientação do sucesso pessoal e, consequentemente, adora as pessoas bem-sucedidas e felizes. Em particular, adora os jovens. Praticamente ignora o valor de todos os que são diferentes e, ao fazê-lo, apaga a decisiva diferença entre ter valor no sentido de dignidade e ter valor no sentido de utilidade. Se não se está consciente dessa diferença, mas se se considera que o valor de um indivíduo nasce apenas da sua utilidade atual – neste caso, acreditem-me, é apenas por incoerência pessoal que não se advoga a eutanásia na linha do programa de Hitler, isto é, matar por "piedade" todos aqueles que perderam sua utilidade social, seja devido à idade avançada, doença incurável, deterioração mental ou outra deficiência qualquer.

Confundir a dignidade do ser humano com mera utilidade surge de uma confusão conceptual que, por sua vez, pode ser atribuída em suas origens ao niilismo contemporâneo transmitido em muitas universidades e tratamentos psicanalíticos. Mesmo no treinamento de psicoterapeutas pode ocorrer tal doutrinação. O niilismo não afirma que não existe nada, mas afirma que tudo é desprovido de sentido. E George A. Sargent estava certo quando promulgou o conceito de "falta de sentido aprendida". Ele mesmo se lembrava de um terapeuta que disse: "George, você deve compreender que o mundo é uma piada. Não há justiça, tudo é acaso. Só quando você compreender isso vai perceber como é tolo levar-se a si mesmo a sério. Não há um propósito elevado no universo. O universo *é* simplesmente. Não há sentido particular na decisão que você tomar hoje com relação a como agir"[30].

Não devemos generalizar uma crítica dessas. Em princípio, o treinamento é indispensável, mas, neste caso, os terapeutas deveriam ver como sua tarefa imunizar os treinados contra o niilismo, em vez de inoculá-los com o cinismo, que constitui um mecanismo de defesa contra seu próprio niilismo.

Os logoterapeutas podem até mesmo aceitar algumas das condições de treinamento e licenciamento estipuladas pelas outras escolas de psicoterapia. Em outras palavras, podemos uivar junto

---

[30] Transference and Countertransference in Logotherapy. *The International Forum for Logotherapy*, 5(2), p. 115-118, outono/inverno 1982.

com os lobos, se for necessário. Ao fazê-lo, porém, deveríamos ser – e quero colocar o máximo de ênfase nisso – uma ovelha em pele de lobo. Não há necessidade de trair o conceito básico de ser humano e os princípios da filosofia de vida inerentes à logoterapia. Essa lealdade não é difícil de manter tendo em vista o fato de que, como Elisabeth S. Lucas ressaltou certa vez, "ao longo da história da psicoterapia, jamais existiu uma escola tão pouco dogmática como a logoterapia"[31]. E no I Congresso Mundial de Logoterapia (San Diego, Califórnia, 6 a 8 de novembro de 1980), argumentei não somente pela reumanização da psicoterapia, mas também pelo que chamei de "desgurufícação da logoterapia". Meu interesse não está em criar papagaios que reproduzam "a voz do mestre", mas em passar a tocha acesa para "espíritos independentes e inventivos, inovadores e criativos".

Sigmund Freud afirmou em certa ocasião: "Imaginemos que alguém coloca determinado grupo de pessoas, bastante diversificado, numa mesma e uniforme situação de fome. Com o argumento da necessidade imperativa da fome, todas as diferenças individuais ficarão apagadas, e em seu lugar aparecerá a expressão uniforme da mesma necessidade não satisfeita". Graças a Deus, Sigmund Freud não precisou conhecer os campos de concentração do lado de dentro. Seus objetos de estudo deitavam sobre divãs de pelúcia desenhados no estilo da cultura vitoriana, e não na imundície de Auschwitz. Lá, as "diferenças individuais" não se

[31] A logoterapia não é imposta aos interessados em psicoterapia. Não é comparável a um bazar oriental, mas a um supermercado. No primeiro, o freguês é convencido a comprar algo. Neste último, são-lhe mostradas e oferecidas várias coisas, das quais ele pode pegar as que considerar valiosas e úteis.

"apagaram", mas, ao contrário, as pessoas ficaram mais diferenciadas; os indivíduos retiraram suas máscaras, tanto os porcos como os santos. E hoje não se precisa mais hesitar no uso da palavra "santos". Basta pensar no padre Maximilian Kolbe, que foi deixado passando fome e finalmente assassinado com uma injeção de ácido carbólico em Auschwitz, e que, em 1983, foi canonizado.

Você pode estar inclinado a acusar-me de invocar exemplos que são exceções à regra. "*Sed omnia praeclara tam difficilia quam rara sunt*" (mas tudo o que é grande é tão difícil de compreender quanto de encontrar), conforme diz a última frase da Ética de Espinoza. Naturalmente, você pode perguntar se realmente precisamos referir-nos a "santos". Não seria o suficiente referir-nos a pessoas decentes? É verdade que elas formam uma minoria. Mais que isso, sempre serão uma minoria. E, no entanto, vejo justamente nesse ponto o maior desafio a que nos juntemos à minoria. Porque o mundo está numa situação ruim. Porém, tudo vai piorar ainda mais se cada um de nós não fizer o melhor que puder.

Portanto fiquemos alerta – alerta em duplo sentido:

Desde Auschwitz nós sabemos do que o ser humano é capaz.

E desde Hiroshima nós sabemos o que está em jogo.

Bibliografia de Logoterapia

(em português e espanhol)
Organizada por Drª Izar Aparecida de Moraes Xausa

ACEVEDO, Gerónimo. *El modo humano de enfermar*. Buenos Aires: Fundación Argentina de Logoterapia, 1985.

____. *La búsqueda de sentido y su efecto terapéutico*. Buenos Aires: Fundación Argentina de Logoterapia, 1998.

ALLEN, José. *Vida e sentido*: passos para viver uma vida. São Paulo: Palavra Prece, 2001.

AVELLAR, Luís Vater de. *Em busca do logos*. Rio de Janeiro: Calibán, 2008.

BAZZI, Túlio & FIZZOTTI, Eugênio. *Guia de la Logoterapia*: humanización de la psicoterapia. Barcelona: Herder, 1989.

BERTA, Mario; BUENO, Leonardo; KUPLEN, Andrés. *Los símbolos-valores en Logoterapia*. Hacia una logoterapia experimental. Montevideo: El Tuboso, 2005.

BEYER, Hugo. *O ensaio do sentido da vida do adolescente na escola*. 1988. Dissertação (Mestrado) – Universidade Federal do Rio Grande do Sul, Porto Alegre, 1988.

BOLETIM da Sociedade Brasileira de Logoterapia (SOBRAL). Coordenação e organização de Izar Aparecida de Moraes Xausa. Porto Alegre: [s. n.], 1985.

BOLETIM da Sociedade Latino-Americana de Logoterapia (SOLAL). Coordenação e organização de Izar Aparecida de Moraes Xausa. Porto Alegre: [s. n.], 1985.

BRETONES, Francisco. *A Logoterapia é óbvia*: experiências logoterapêuticas com o homem comum. São Paulo: Paulinas, 1998.

CASTELLÁ, Jorge Gabriel. *Paradojos existenciales* – Verdades que parecem mentiras. Buenos Aires: San Pablo, 2004.

CHIRINOS, Raul A. A. *Família Terapêutica*. Paraná: Caleotán, [s. d.].

____. *La transcendencia del amor*. Buenos Aires: Vinciguerra, [s. d.].

COPELLO, Lucía. *Logoterapia en cárceles*. El sofrimiento como escuela de humanización. Buenos Aires: San Pablo, 2009.

CRUMBAUGH, James & MAOLICK, Leonard. *Teste de propósito de vida* (Pil Test). Trad. de Ananir Porto Fajardo; revisão científica de Izar Aparecida de Moraes Xausa. Indiana, USA: Psycho Metric Affiliates, 1984.

ESPINOZA, Norberto A. *A consciência como princípio*. Releitura à luz da Logoterapia de Viktor Frankl. São Paulo: Pia Sociedade das Faculdades de São Paulo, 1999.

ETCHEVÉRRY, Juan Alberto. *Logo*: Teoria, terapia e atitud. Buenos Aires: Fundación de Estudos Frankenos e Sociedade Argentina de Logoterapia, 1986.

FABRY, Joseph. *Aplicações práticas da Logoterapia*. São Paulo: Eco, 1990.

___. *La búsqueda de significado*. México: Fondo de Cultura Económica, [s. d.].

___; LUKAS, Elisabeth. *Tras las huellas del Logos* – Correspondência com Viktor E. Frankl. Buenos Aires: San Pablo, 2002.

FIZZOTTI, Eugenio. *Conquista da liberdade* – Proposta da Logoterapia de Viktor Frankl. São Paulo: Paulinas, 1996.

___. *De Freud a Frankl*: Interrogantes sobre el vacio existencial. Pamplona: Unión Navarra, 1977.

___. *El despertar ético*. Buenos Aires: Fundación Argentina de Logoterapia, 1998.

FRANKL, Viktor E. *Ante el vacío existencial*: hacia una humanización de la psicoterapia. Barcelona: Herder, 1982.

___. *A presença ignorada de Deus*. São Leopoldo: Sinodal; Petrópolis: Vozes, 1992.

___. *A questão do sentido em psicoterapia*. Campinas: Papirus, 1990.

___. *Dar um sentido à vida*: a Logoterapia de Viktor Frankl. São Leopoldo: Sinodal; Petrópolis: Vozes, 1990.

___. *El hombre en busca de sentido*. Trad. de Diorki. Barcelona: Herder, 1982.

___. *Em busca de sentido*: um psicólogo no campo de concentração. São Leopoldo: Sinodal; Petrópolis: Vozes, 1985.

___. *En el princípio era el sentido* – reflexiones en torno del ser humano. Barcelona: Paidós, 2000.

___. *Fundamentos antropológicos da psicoterapia*. Rio de Janeiro: Iaar, 1978.

___. *La idea psicológica del hombre*. Madrid: Rialp, 1999.

___. *La presencia ignorada de Dios*: psicoterapia y religion. Trad. de J. M. López de Castro. 2. ed. Barcelona: Herder, 1979.

___. *La psicoterapia y la dignidad de la existencia*. Buenos Aires: Almagesto, 1991.

___. *La voluntad de sentido*. Barcelona: Herder, 1991.

___. *Las raias de la Logoterapia*. Escritos juveniles 1923-1942. Recompilação a cargo de E. Fizzotti. Buenos Aires: San Pablo, 2006.

FRANKL, Viktor E. *Lo que no está escrito en mis libros* – Memorias. Buenos Aires: San Pablo, 2006.

___. O homem à procura do significado último. In: NEEDELMAN, Jacob; LEWIS, Denis. *No caminho do autoconhecimento*: as mais antigas relíquias do Oriente e os métodos da Psicoterapia. São Paulo: Pioneira, 1982. p. 148-163.

___. *Psicoterapia e sentido da vida*: fundamentos da Logoterapia e análise existencial. São Paulo: Quadrante, 1973.

___. *Psicoterapia para todos*. Petrópolis: Vozes, 1990.

___. *Psicoterapia y existencialismo*. Barcelona: Herder, 1995.

___. *Psicoterapia y humanismo*: tiene un sentido la vida? Trad. de Alfredo Guerra Miralles. Madrid: Fondo de Cultura Económica, 1982.

___. *Sede de sentido*. São Paulo: Quadrante, 1989.

___. *Sincronización en Birkenwald*. Buenos Aires: San Pablo, 2006.

___. *Teoria y terapia de las neuroses*. Barcelona: Herder, 1997.

___. *Um Psicólogo no Campo de Concentração*. São Leopoldo: Sinodal, 2000.

___. *Um sentido para a vida*: psicoterapia e humanismo. São Paulo: Santuário, 1989.

___. Viktor Frankl explica o que Freud não explicou. *Revista Manchete*, n. 1674, p. 24-26, maio 1984.

___ & LAPIDE, Pinhas. *Diálogo entre um psicólogo e um teólogo*: Em busca do Sentido Último. Madrid: Herder, 2005.

GAPON NETTO, Mario. *La voluntad de sentido en la Logoterapia de Viktor Frankl*. Buenos Aires: Claudino, 1987.

KLINGBERG, Haddon. *La llamada de la vida*. La vida y obra de Viktor Frankl. Barcelona, 2002 – RBA.

KROEFF, Paulo. *Afrontando la enfermedad y la muerte*: una investigación en pacientes con cáncer. 2000. Tese (Doutorado) – Universidad Autónoma de Madrid, Madrid, 2000.

KUPLÉN, Andrés. *Círculos de vida plena*. El sentido de la vida entre la acción y el misterio transcendente. Montevideo: Latraeñe, 2007.

LAZARTE, Omar; PEREZ UDERZO, Lola. *Sempre poder eleger*: logoterapia e sessões clínicas de logoterapia. São Bernardo do Campo: Serviços Médicos do ABC, 1994.

LUKAS, Elisabeth. *Histórias que curam... porque dão sentido à vida*. Campinas: Verus, 2005.

___. *La felicidad en la família*: comprender, aceptar, amar. Buenos Aires: San Pablo, 2007.

LUKAS, Elisabeth. *Logoterapia, a força desafiadora do espírito*: méritos de logoterapia. São Paulo: Loyola, 1989.

___. *Logo-Test*. Test zur Messung von "innerer Sinnerfüllung" und "existentieller frustration" - Handanweisug. Trad. de Obliguer e E. Gress; revisão científica de Izar Aparecida de Moraes Xausa. Viena: Franz Deuticke Verlagsgesellschaft, m.b.h., 1986.

___. *Mentalização e saúde*. Petrópolis: Vozes, 1990.

___. *Prevenção psicológica*. São Leopoldo: Sinodal; Petrópolis: Vozes, 1992.

___. *Psicologia espiritual* - Fontes de uma vida plena de sentido. São Paulo: Paulinas, 2002.

___. *Psicoterapia en dignidad*. Buenos Aires: San Pablo, 1995.

___. *Tu família necesita sentido*. Madrid: Gral Tabanera, 1983.

___. *Tu vida tiene sentido* - Logoterapia y salud mental. Madrid: Colección Claves, [s. d.].

___. *Tudo tem sentido*: reflexões logoterapêuticas. São Leopoldo: Sinodal; Petrópolis: Vozes, 1994.

___. *Una vida fascinante*. Buenos Aires: San Pablo, 1994.

___; PINTOS, Claudio Garcia. *De la vida fugaz*. Buenos Aires: Almagesto, 1994.

LUNA, José Arturo. *Logoterapia* - Un enfoque humanista existencial. Bogotá: San Pablo, 1999.

MATTOS, Odete. *Valores*. Petrópolis: Vozes, 1993.

NOBLEJAS DE LA FLOR, Maria. *Palavras para uma vida com sentido*. Bilbao: Declée de Broeiver, 2000.

ORO, Oscar Ricardo. *Distintos enfoques a partir de uma visión de conjunto*. Buenos Aires: Fundación Argentina de Logoterapia, 1997.

PAREJA-HERRERA, Guillermo. *El mundo y el tiempo de Viktor Frankl*. Buenos Aires: San Pablo, 2007.

___. *Las manzanas cayendo sobre mi cabeza*. Buenos Aires: San Pablo, 2006.

___. *V. E. Frankl*. México: Universidad Ibero-Americana, 1989.

PETER, Ricardo. *Viktor Frankl*: a antropologia como terapia. São Paulo: Paulinas, 1999.

PINTOS, Cláudio Garcia et al. *A logoterapia em contas*. São Paulo: Paulinas, 1996.

___ et al. *Salven al hombre*. Latinoamérica unida en búsqueda de sentido. Buenos Aires: San Pablo, 2006.

___ et al. *Un Hombre llamado Viktor*. Buenos Aires: San Pablo, 2007.

RODRIGUES, Roberto. *Fundamentos da logoterapia na clínica psiquiátrica e psicoterapêutica*. Petrópolis: Vozes, 1991.

SARRIERA, Jorge C. *Aspectos psicossociais de saúde e de desemprego juvenil*. Madrid: Universidad Autónoma de Madrid, 1993.

TEPE, Valfredo. *O sentido da vida*. Petrópolis: Vozes, 1980.

XAUSA, Izar Aparecida de Moraes. *A psicologia do sentido da vida*. Petrópolis: Vozes, 1986.

___. *Análise logoterapêutica dos sonhos* – um caminho direto para o inconsciente espiritual. 1993. Tese (Doutorado) – Universidade Gama Filho, Rio de Janeiro, 1993.

___. *Introdução à edição brasileira do livro de Viktor E. Frankl*: A Presença Ignorada de Deus. Trad. Walter D. Schlupp, Zilda Souza e Esly Carvalho. São Leopoldo: Sinodal; Porto Alegre: Sulinas; Rio de Janeiro: Imago, 1985. p. 7-10.

___. *Logoterapia*: uma psicologia humanista e espiritual. 1986. Dissertação (Mestrado) – Pontifícia Universidade Católica do Rio Grande do Sul, Porto Alegre, 1986.

___. *O sentido dos sonhos na psicoterapia de Viktor Frankl*. São Paulo: Casa do Psicólogo, 2003.

___. Prefácio. In: FRANKL, Viktor E. *A presença ignorada de Deus*. São Leopoldo: Sinodal; Petrópolis: Vozes. 1985.

___. Prefácio. In: LAZARTE, Omar; PEREZ UDERZO, Lola. *Sempre poder eleger*: logoterapia e sessões clínicas de logoterapia. São Bernardo do Campo: Serviços Médicos do ABC, 1994. p. 3-8.

___. *Viktor Frankl entre nós* – História da Logoterapia no Brasil. Porto Alegre: Paulus, 2009.

___. Viktor Frankl: um psicólogo no campo de concentração. *Separata da Revista Psico*, Porto Alegre: Instituto de Psicologia da PUCRS, v. 2, p. 95-115, jun./dez. 1983.

YODER, James D. Consciência no aconselhamento logoterapêutico. Trad. de Ananir Porto Fajardo; revisão científica de Izar Aparecida de Moraes Xausa. Bekerley, USA, *The International Forum for Logoterapy*, v. 8, n. 2, p. 101-108, 1985.

Informações complementares:

http://www.univie.ac.at/logotherapy/